Thomas Cleary (Hrsg.)

ZEN IN DER KUNST DER MENSCHENFÜHRUNG

Thomas Cleary (Hrsg.)

ZEN IN DER KUNST DER MENSCHENFÜHRUNG

Ratschläge der Meister des Zen zum rechten Umgang mit der Autorität

Ein O. W. Barth Buch
im Scherz Verlag

1. Auflage 1990
Einzig berechtigte Übersetzung aus dem Amerikanischen
von Jochen Eggert.
Titel des Originals: «Zen Lessons».

Published by arrangement with Shambhala Publications, Inc.,
Boston, Massachusetts.

Einleitung des Herausgebers

Dieses Buch ist eine Sammlung politischer, gesellschaftlicher und psychologischer Lehren, Unterweisungen und Ratschläge chinesischer Zen-(Chan-)Meister der Song-Dynastie, aus der Zeit vom zehnten bis zum dreizehnten Jahrhundert.

Wenn man die Tang-Dynastie, vom Beginn des siebten bis zum neunten Jahrhundert, die klassische Zeit des chinesischen Zen nennen kann, so wäre die Song-Zeit als sein Barock zu bezeichnen, gekennzeichnet durch Vielfalt der Formen und eine erfindungsreiche Bildersprache von vielschichtiger Bedeutung.

Im Unterschied zur relativ schlichten und geradlinigen Zen-Literatur der Tang-Zeit, hat die Zen-Literatur der Song-Zeit etwas Feingesponnenenes und Kunstvolles. Dies ist, vom Zen-Standpunkt aus gesehen, nicht gerade ein Fortschritt im Zen, doch es war als Reaktion auf wachsende Kompliziertheit und Bedrängnis in der Gesellschaft und im Leben des einzelnen unumgänglich. Für die Zen-Adepten der Song-Zeit hatte sich die Wirklichkeit des Zen seit der klassischen Zeit in ihrem Wesen nicht geändert, mußte sich aber in ihrem Ausdruck wandeln, weil der Zeitgeist nun von komplexerer Art war und zudem ein nachgemachtes Schein-Zen in Mode kam, das im bloß äußerlichen Nachvollziehen bestimmter Praktiken bestand.

Der Verbreitung dieses Schein-Zen wurde Vorschub geleistet durch den enormen Einfluß, den das echte Zen auf die asiatische Zivilisation ausübte. Nach der Tang-Zeit gibt es in der chinesischen Kultur kaum noch Bereiche, an denen nicht die Ausstrahlung des Zen zu erkennen wäre. Schon in den Werken großer Meister der späteren Tang-Zeit wird auf die schlimmen Folgen der Überflutung öffentlicher Zen-Institutionen mit Menschen von zweifelhafter Motivation hingewiesen, und in der Song-Zeit nun, obwohl das Zen im kulturellen Bereich nie zuvor größeres Ansehen genossen hatte, sprechen seine führenden Vertreter von noch viel größerem Verfall in den Institutionen und unter den Anhängern.

Wir haben sogar Grund anzunehmen, daß die Meister die Schaffung neuer konfuzianischer und taoistischer Schulen förderten, in denen Zen-Methoden angewendet wurden, denn sie hatten erkannt, daß das ursprüngliche Zen an schwerer Entkräftung litt, weil es sich allzu sehr auf eine Verquickung mit weltlichem Empfinden eingelassen hatte. Nach der buddhistischen Geschichtsauffassung war dieses Verwickeltwerden in die Dinge der Welt auch zu erwarten: Einer Zeit der wahren Lehre folgt eine Periode der allmählichen Überwucherung mit Nachahmungen, und nach einer mehr oder weniger langen Zeit des Niedergangs sind schließlich nur noch Überreste des Ursprünglichen vorhanden. Das *Mahāparinirvāna-Sūtra* («Sūtra über das vollständige Erlöschen»), unter den klassischen Schriften wohl diejenige, die im Zen traditionell am meisten studiert wird, gibt einen sehr deutlichen Abriß dieses Verlaufs.

Daß falsche Anschauungen über Zen und Buddhismus sowohl außerhalb als auch innerhalb der Lehreinrichtungen entstehen und sich ausbreiten würden, war nach dieser Geschichtsauffassung ebenfalls zu erwarten, und das geschah ja auch tatsächlich, sobald *über* «Zen» gesprochen wurde. Fast die gesamte Zen-Literatur, in ihrer ganzen erstaunlichen Formenvielfalt, handelt von nichts anderem als den falschen Vorstellungen von der Wirklichkeit des Zen, die, so heißt es, in ihrer Essenz sehr einfach ist, auch wenn ihre äußeren Manifestationen komplex wirken. Diese scheinbare Komplexität in der Lehre und den Ausdrucksformen des Zen ist eine Folge der Komplexität des menschlichen Geistes; um die verschiedenen Stränge des damaligen Bewußtseins zu vereinigen, mußte man auch im Zen zu Methoden greifen, die nach außen hin ausgeklügelt und sehr verschlungen wirken können.

Zen ist eine Wiedererschaffung der ursprünglichen buddhistischen Weise der Bewußtseinsschulung und spielte in der Geschichte Ostasiens eine einzigartige Rolle dadurch, daß es ganze Schulen der Religion, Philosophie, Literatur, Kunst, Musik, Gesellschaftswissenschaft, Psychologie, Psychiatrie und der körperlichen Schulung entstehen ließ.[1] Die innere Dimension der äußeren Geschichte des Zen, während der es einem neuen Buddhismus Leben einhauchte und später, als der Buddhismus alt und schwach wurde, anderen Philosophien neue Impulse gab, wird von all denen, die in politischen Kategorien denken, kaum bemerkt und beachtet, aber die Zen-Anhänger selbst werden nicht müde, auf sie hinzuweisen.

Die Zen-Kunst der Menschenführung gibt uns einen Eindruck von der Kunst, die höchste (absolute) Wahrheit und die gewöhnliche (relative) Wahrheit durch konstruktive Kritik und höhere Erziehung miteinander zu vereinigen und auf diese Weise Fragen der Gesellschaft und der Lebensführung als Weg zur Erleuchtung zu nutzen. So war man im Buddhismus eigentlich von Anfang an vorgegangen, aber in vielen Schulen hatte reiner Formalismus die ursprüngliche Lebendigkeit der Methode verdrängt, bis dann mit dem Zen die ursprüngliche offene Flexibilität wiederhergestellt wurde. Zu diesen vom Geist des Zen wiederbelebten Schulen könnte man sogar die taoistische Schule der Vollkommenen Wirklichkeit und die konfuzianische Schule der Inneren Gestaltung zählen. Indem man die Resultate der Zen-Methode auch auf die taoistischen und konfuzianischen Klassiker anwendete, gewannen diese Schulen einen ebenso tiefen Einfluß auf die chinesische Kultur wie die ursprünglichen Zen-Schulen.

Als die klassische Periode des chinesischen Zen bezeichnet man gemeinhin die Tang-Dynastie, also die Zeit vom siebten bis zum neunten Jahrhundert. Die erste große Zen-Gemeinschaft entstand um die Mitte des siebten Jahrhunderts unter dem vierten Gründungsvater oder «Patriarchen» des Zen, und sehr viele Menschen sollen durch die öffentlichen Reden des sechsten Patriarchen, der die sogenannte Südliche Schule des Zen begründete, erweckt worden sein. Die letzten drei der sechs chinesischen Patriarchen wurden zu kaiserlichen Lehrern berufen, und viele ihrer spirituellen Nachfolger wurden Lehrer von Männern, die die chinesische Gesellschaft führten, sei es auf der kommunalen oder auf der allerhöchsten Ebene.

In der Tang-Zeit unterzogen sich sehr einflußreiche und sehr einfache und unbedeutende Menschen als Ebenbürtige gemeinsam der Zen-Schulung. Zen führte eine Umorientierung in der gesellschaftlichen Praxis herbei, die durch Jahrhunderte widriger Umstände und der Korruption nicht an Kraft verlor und eines der in der Geschichte sehr seltenen Beispiele für einen Rahmen darstellt, in dem sowohl vorurteilsfreie soziale Verständigung als auch spirituelles Verstehen möglich waren. Zen beeinflußte auch die Malerei und Dichtkunst, zwei der wichtigsten chinesischen Kunstformen, die traditionell der Bildung des inneren Menschen dienten und daher von großer gesellschaftlicher Bedeutung waren.

Wie schon gesagt, war Komplexität der Form und Funktion kennzeichnend für die Song-Zeit mit ihren vielschichtigen, kunstvollen, aber häufig auch widersprüchlichen inneren Strukturen. Das Zen gewann in der Song-Zeit noch größeren Einfluß auf die urbanen Künste und Wissenschaften, verlor aber auch nicht seine Beziehung zur ungeheuren Weite des ländlichen China; viele Einrichtungen aus der Tang-Zeit waren, über das Land verstreut, noch erhalten und wurden von Zen-Anhängern auf ihren Reisen besucht oder für Zeiten der zurückgezogenen Schulung benutzt.

Im Laufe der Tang-Zeit erlebte der Buddhismus, insbesondere das Zen, eine solche Verbreitung, daß es schließlich in China keine Gesellschaftsschicht und keine Gegend mehr gab, die gänzlich unberührt davon geblieben wäre. Und nun zeigte sich das Problem so, wie es in den alten Schriften vorhergesagt wurde: Gerade der Erfolg zog schließlich die falschen Leute an oder zog zu viele Leute mit falschen Intentionen an. Im letzten Jahrhundert der Tang-Dynastie werden bereits Stimmen laut, die vor einem Verfall der Ordnung in den etablierten Zen-Institutionen warnen, weil zu viele Menschen mit falschen Intentionen hineinströmten, und mit Beginn der Song-Zeit ist der Tonfall tiefer

Beunruhigung in den Äußerungen hervorragender Meister nicht mehr zu überhören.[2]

Zentren der Zen-Schulung waren ursprünglich eingerichtet worden, um die Menschen – wenn wir es in elementaren buddhistischen Begriffen ausdrücken wollen – von den drei Giften Gier, Haß und Unwissenheit zu befreien, mit denen einzelne, aber auch ganze Gesellschaften mehr oder weniger stark behaftet sind und die verhindern, daß die Menschheit ihre wahre Bestimmung erkennt. Wenn Menschen, die in der Gesellschaft hohe und verantwortungsvolle Positionen einnehmen, auf Zen-Meister vertrauen, so kann das nach der Zen-Lehre an dem guten Ruf liegen, den das Zen sich im Laufe der Zeit erwarb; es kann aber auch auf eher unbewußte Weise dazu kommen, einfach weil man sich in der Gegenwart eines wahrhaft «entgifteten» Menschen sicher fühlt. Jedenfalls aber griff das Falsche gerade deshalb so rapide um sich, weil das Echte so wirkungsvoll war.

Ein Problem, das angesichts dieser Lage besonders brennend wurde, bestand darin, daß Zen-Anhänger – innerhalb und außerhalb der Zen-Institutionen – häufig keine objektiven Maßstäbe für die Echtheit eines Meisters besaßen. Im vorliegenden Text wird deutlich, wieviel Mühe sich die echten Meister, aber auch außenstehende Gönner gaben, den Bestand gewisser organisatorischer und psychologischer Gegebenheiten zu sichern, die unter den richtigen Bedingungen das Erkennen wirklicher Meisterschaft fördern.

In einem sehr großen Teil des Zen-Schrifttums geht es um Techniken, die während des «Zen-Barock» bis zur Vollkommenheit ausgefeilt wurden; wir haben es hier hauptsächlich mit Ausführungen über falsche

Vorstellung von Zen und menschlichen Werten zu tun, mit Analysen der Hauptprobleme des Denkens und Verhaltens im individuellen und gesellschaftlichen Leben. Diese Ausführungen sind wie genaue technische Beschreibungen der Schlösser, mit denen das konditionierte menschliche Bewußtsein verschlossen ist, und sie sollen helfen, diese Schlösser aufzuschließen. Die Resultate dieses Aufschließens, landläufig «Erleuchtung» genannt, werden im Zen als Initiation in die Erfahrungen höherer Ebenen der geistigen Schulung aufgefaßt, die der Menschheit zugänglich sind.

Eines der Hauptprobleme, die sich mit der Verbreitung der befreienden Zen-Künste sehr bald stellten, bestand darin, daß bloße Nachahmer, die weder echte Menschenkenntnis besaßen noch Erleuchtung erfahren hatten, sich selbst zu Meistern ernannten. Die zunehmende Fetischisierung äußerer Zeichen und Zeugnisse der Einweihung und Meisterschaft im Zen deutete für den echten Zen-Meister lediglich auf eine fortschreitende Trivialisierung hin, doch viele Menschen, darunter auch solche in sehr einflußreichen Positionen, ließen sich von dergleichen blenden. Ein Zen-Meister, der späten Song-Zeit sagte über diese Verführten: «Sie bewunderten nur die Blüten und nahmen nicht die Früchte.»

Im Zen war es seit jeher üblich, die Beziehung zwischen Meister und Schüler erst nach einer gewissen Zeit der eher lockeren Verbundenheit, die eine vorläufige stillschweigende Anerkennung implizierte, formell zu besiegeln. Wenn der künftige Schüler ein Mönch oder eine Nonne war, ein Studierender oder einer, der heimatlos umherzog, so war es für gewöhnlich der Meister, der den Schüler anerkannte; hatte derjenige aber Heim, Familie und gesellschaftliche Bindungen, so wartete der Meister, bis der Schüler ihn als seinen Meister anerkannte.

Schon zu Beginn der Song-Zeit war das Zen-Leben in vielen Bereichen stark formalisiert, weil so viele Menschen durch die Tore der prestigeträchtigen Zen-Einrichtungen hereinströmten. Es entstand ein System öffentlicher Klöster, die der Regierung unterstanden; hier kamen während der Schulungszeiten im Sommer und Winter häufig sehr viele Menschen zusammen, und man lud bekannte Zen-Meister ein, diese Menschen zu unterweisen.

In den frühen Zen-Gemeinschaften hatte jeder zu arbeiten und bekam von den leitenden Mitgliedern der Gemeinschaft eine seinen Fähigkeiten und seinem Entwicklungsstand angemessene Arbeit zugewiesen. In der Literatur der Tang-Zeit finden wir Geschichten von Zen-Schülern, die in den Gemeinschaften, die sich um ihre Meister gebildet hatten, zwanzig Jahre lang als Köche oder Krankenpfleger arbeiteten, doch in der Song-Zeit scheint es unter den leitenden Mitgliedern der Zen-Gemeinschaften viel mehr Fluktuation gegeben zu haben, weil in den verschiedenen Klöstern viel mehr geeignete Personen zur Verfügung standen. Schließlich übernahm die chinesische Regierung offiziell die Kontrolle über die Besetzung der höheren Verwaltungs- und Führungsposten in den Klöstern. Zwar war es üblich, daß der Kaiser, der Präfekt, der Militärkommandant oder wer auch immer rechtlich für die Ämtervergabe zuständig war, die Gemeinschaft und ihren Meister konsultierte, aber es gab doch genügend Spielraum für betrügerische Ämterschieberei.

Objektive Kritik, insbesondere Selbstkritik, ist im Buddhismus eine altehrwürdige Tradition. Man kann ohne weiteres sagen, daß kritische Einsicht eine der Hauptstützen der frühen Schulen des Buddhismus war. Eine der Stärken des authentisch übermittelten Zen besteht in der nicht personengebundenen Ausrichtung auf die befreiende Wirkung der praktischen Zen-Übung. Im Laufe der Jahrhunderte auf gesellschaftliche, politische, psychische und tiefe kontemplative Erfahrungen angewendet, hat diese Methode im Buddhismus ein tiefgründiges Verständnis der menschlichen Natur wachsen lassen. Die von den Kompilatoren der vorgelegten Anthologie ausgewählten Texte sind Beispiele für die soziale, politische und psychologische Dimension dieses Verständnisses.

Die berühmtesten Zen-Schriften der Song-Zeit, die zu den klassischen Texten des Zen wurden, bestehen zu einem Großteil aus Äußerungen, die die Meister während ihrer öffentlichen Darlegungen gemacht haben, und besitzen aufgrund des von Natur aus nicht mitteilbaren Charakters der Zen-Erfahrung etwas sehr Verschleiertes. Die vorliegende Anthologie dagegen beinhaltet vorwiegend Aussagen von eher privatem Charakter, die größtenteils sehr viel expliziter sind.

Die Quellen

Im chinesischen Original trägt die hier unter dem Titel «Zen in der Kunst der Menschenführung» vorgelegte Anthologie den Titel *Chanlin baoxun* oder *Chanmen baoxun* – «Kostbare Lektionen aus den Chan-Schulen».

Zusammengestellt wurde der Text im frühen zwölften Jahrhundert von zwei hervorragenden chinesischen Zen-Meistern, Miaoxi (besser bekannt als Dahui) und Zhu-an. Gegen Ende des zwölften Jahrhunderts wurde er von einem Meister namens Jingshan erweitert und in die Form gebracht, in der er heute existiert. Im Laufe der nächsten fünfhundert Jahre entstanden in China zahlreiche Kommentare zu dem Werk. In Japan erschien es erstmals 1279, etwa hundert Jahre nach seiner Neukompilation.

«Zen in der Kunst der Menschenführung» schöpft aus persönlichen Unterweisungen großer Zen-Meister der frühen Song-Zeit und damit aus schwer zugänglichen oder gar nicht mehr existierenden Quellen, an die auch damals schon vielfach nur durch direkten Kontakt mit den chinesischen Zen-Schulen heranzukommen war. Für manche Stücke sind gar keine schriftlichen Quellen angegeben; möglicherweise wurden sie von den Kompilatoren in Anlehnung an mündlich Überliefertes verfaßt. Diese Textsammlung vermittelt uns einzigartige Eindrücke von hervorragenden Meistern und bewahrt einen Fundus an spezifischer Zen-Überlieferung, der sonst für die Nachwelt verloren wäre. Sie nimmt in der sehr umfangreichen Chan-Literatur der Song-Zeit eine besondere Stellung ein. An diesem Text wird deutlich, daß selbst die große Menge der erhalten gebliebenen Schriften nur ein Teil dessen ist, was ursprünglich einmal vorhanden gewesen sein muß.

Etliche Anthologien werden im vorliegenden Text zitiert; mit Ausnahme der sehr umfangreichen «Tanquin-Annalen» scheinen die meisten dieser Sammlungen nicht mehr zu existieren; möglicherweise ist das, was wir in diesem Text finden, alles, was von ihnen noch übrig ist. Diese Quellen werden manchmal mit abgekürzten Titeln oder allgemeinen Bezeichungen benannt. Auch Tagebücher, Inschriften und Briefe befinden sich unter den Quellen. Sie enthalten ungewöhnliche Zeugnisse von berühmten Meistern, die von den ursprünglichen Kompilatoren wegen ihrer Deutlichkeit und Klarheit und wegen ihres Bezugs zu sozialen Belangen ausgewählt wurden.

Anmerkungen

1. Es gab in Ostasien mehr als ein Dutzend buddhistische Schulen, die direkt aus dem Zen hervorgegangen oder stark von ihm beeinflußt waren; außerdem sind zu nennen: mindestens drei Schulen der Philosophie, mehrere Literaturgattungen (darunter die volkstümliche Literatur insgesamt) und Zweige der bildenden Kunst, auch Kunsthandwerk und Architektur, die Musik für bestimmte Instrumente sowie traditionelle und moderne Schulen der Psychologie und Psychiatrie, wie zum Beispiel die im modernen Japan entstandene Morita-Therapie. Auch bestimmte Formen der körperlichen Schulung wie etwa die sogenannten Kampfkünste werden gemeinhin mit dem Zen in Verbindung gebracht, zumindest insofern, als früher einmal ein Einfluß bestanden hat, und in manchen Zen-Schulen bilden sie nach wie vor einen Bestandteil der Lehrmethode. Und natürlich können wir in allen Formen, die das Zen angenommen hat, die drei genannten Stadien erkennen: das Stadium der Echtheit, das der

Nachahmung und das der Überreste. Der große japanische Meister Musō Soseki, der ein gutes Jahrhundert nach der Zeit der Kompilierung des vorliegenden Textes lebte, erörtert dies in seinen «Traum-Dialogen».

2. In den Aussprüchen von Meister Baizhang Huaihai (auch: Dazhi, 720–814), der genaue Regeln für das Leben in den frühen chinesischen Zen-Gemeinschaften aufstellte, finden wir bereits sehr deutliche Aussagen über institutionelle Entartungen, wie sie dann im vorliegenden Text als der eigentliche Kern des allgemeinen Niedergangs herausgestellt werden; hier wird auch bereits auf die Gefahr der Verwechslung von auf spontaner Zen-Erfahrung gegründeter Autorität und bloß zugeschriebener Autorität hingewiesen, die für das spätere Zen zu einem der größten Probleme wurde. Die berühmten «Ermahnungen» von Baizhangs Nachfolger Guishan enthalten ebenfalls unmißverständliche Äußerungen über den Verfall der Zen-Ordnung im neunten Jahrhundert, für den sie Unredlichkeit, mangelnde Selbstbeherrschung, Unwissenheit und Selbstüberhebung innerhalb von Cliquen verantwortlich machen. Die «Zehn Richtlinien für Zen-Schulen», die ein Jahrhundert später von Fayan, einem der letzten klassischen Meister, vorgelegt wurden, benennen noch weitere Elemente: Kult-Unwesen, Hochstapelei, schizoide Tendenzen, sterile Intellektualität, verdeckten Nihilismus, literarische Dekadenz und mangelnde Bildung. Die hier übersetzte Anthologie nimmt den Faden nach den «Zehn Richtlinien» auf und bietet eine detaillierte Analyse der menschlichen Psyche in ihrer Reaktion auf objektive Erkenntnis. Weitere Aufzeichnungen über den Niedergang des Zen in der Song-Zeit und über die Bemühungen, es

am Leben zu halten, finden sich in Dahuis (Miaoxis) Briefen, in Yuanwus «Niederschrift von der Smaragdenen Felswand» und in Wansongs «Buch des Gleichmuts». Weiteres zum gleichen Thema, diesmal mit den Augen eines japanischen Pilgers im China der Song-Zeit gesehen, enthalten Dōgens *Shōbō-genzō Zuimonki* und sein Hauptwerk, das *Shōbō-genzō*.

Zen in der Kunst der Menschenführung

1. Erleuchtete Tugend

Mingjiao sagte:

Nichts ist ehrenvoller als Erleuchtung, nichts ist schöner als Tugend. Die erleuchtete Tugend besitzen, besitzen sie auch dann, wenn sie gewöhnliche Menschen sind; wem aber erleuchtete Tugend mangelt, dem mangelt sie selbst dann, wenn er ein König ist.

Es gab Menschen in der alten Zeit, die Hungers starben, die aber seither um ihrer Tugend willen bewundert werden; es gab andere, die Könige waren, aber seither wegen ihres Mangels an Tugend verachtet werden.

Deshalb sind Lernende besorgt, wenn sie nicht von Tugend durchdrungen sind; sie bekümmern sich nicht darum, daß sie nicht in Positionen der Macht und Autorität sind.

Tanquin-Annalen

2. Ergründen und wissen

Mingjiao sagte:

Du kannst die Heiligen und Weisen gewiß nicht an einem einzigen Tag ergründen. Wo am Tage nicht genügend Zeit dafür bleibt, da setze es fort in die Nacht hinein; sammle es an im Laufe der Monate und Jahre, und es wird sich natürlich entwickeln. Daher heißt es:

«Sammle Wissen durch Ergründung an; verstehe, was du lernst, durch Befragung.»

Dies bedeutet, daß das Ergründen kein Entdecken herbeiführen kann, wenn Unterscheidungskraft und Befragung fehlen. Wohin die Schüler heutzutage auch gehen, da ist kaum jemand, der eine Frage stellt, um Menschen zu erkennen. Ich weiß nicht, womit sie ihrer geistigen Verfassung aufhelfen und den Segen der täglichen Erneuerung erringen wollen.

Jiufeng-Annalen

3. Das große und das kleine Böse

Mingjiao sagte:

Bei dem Bösen, das Menschen tun, gibt es solches, das Form besitzt, und solches, das keine Form besitzt. Das formlose Böse schadet den Menschen, das formhafte Böse tötet Menschen. Das Böse, das Menschen schadet, ist vergleichsweise klein; das Böse, das Menschen tötet, ist groß.

Daher «ist Gift in geselligem Beisammensein, sind Speer und Schild im Plaudern und Lachen, sind ein Tiger und ein Panther in der Kammer, sind Unholde in der nächsten Gasse».

Wenn du nicht selber weise bist und diese im Keim erstickst, ihnen mit unverbrüchlichen Regeln der Anständigkeit vorbeugst, werden sie beträchtlichen Schaden anrichten.

Westsee-Annalen

4. Redlichkeit

Mingjiao erzählte die folgende Geschichte:

Als der Chan-Meister Dajiao Abt des Ashoka-Klosters war, trug es sich zu, daß zwei Mönche sich endlos über Almosen stritten. Der Klostervorsteher konnte ihrem Zank nicht Einhalt gebieten, und so rief Dajiao sie zu sich und verabreichte ihnen die folgende Schelte:

«Einst, als Bao Gong in Kaifeng Richter war, erzählte ihm dort jemand aus freien Stücken, ein Mann, der ihm hundert Unzen weißen Goldes anvertraut hatte, sei gestorben, und als er versucht habe, der Familie des Mannes das Gold zurückzugeben, habe der Sohn es abgelehnt.

Bao Gong fand dies außergewöhnlich und bewundernswert und ließ den Sohn rufen, um mit ihm zu sprechen. Der Sohn lehnte das Geld ab mit den Worten! ‹Als mein verstorbener Vater noch lebte, besaß er kein weißes Gold, das er einem anderen Haushalt hätte anvertrauen können.›

Da beide Männer, der Treuhänder ebenso wie der Sohn, bei ihrer festen Ablehnung blieben, hatte Bao keine andere Wahl, als es einem Kloster in der Stadt zu geben, für unsichtbare Segnungen zur Versöhnung des Verstorbenen.

Ich sah dies mit eigenen Augen. Selbst Menschen der Welt können über Reichtum erhaben sein und sich auf das ausrichten, was recht ist, wie diese Geschichte zeigt. Ihr seid buddhistische Schüler und schämt euch doch nicht.» Schließlich wies er sie, den Regeln der Zen-Gemeinschaften folgend, aus dem Kloster.

Westsee-Annalen

5. Ein Gefäß der Erleuchtung

Als Meister Dajiao das erstemal den Berg Lu aufsuchte, wurde er von Chan-Meister Yuantong Na, nachdem dieser ihn ein einziges Mal gesehen hatte, als ein großes Gefäß der Erleuchtung angesehen. Jemand fragte Yuantong, wie er Dajiao erkannt habe.

Yuantong sagte: «Dieser Mann ist im Einklang mit dem mittleren Weg, nicht voreingenommen oder abhängig. Ob er tätig ist oder ruht, stets ist er voller Adel und Würde. Bei seiner Erforschung des Weges ist sein Handeln richtig, und seine Worte sind schlicht und doch logisch vollständig. Wenn Menschen derlei Begabungen mitbringen, geschieht es selten, daß sie nicht zu Gefäßen der Erleuchtung werden.»

Jiufeng-Annalen

6. Bescheidenheit

Im Jahre 1134 sandte Renzong, Kaiser von China, einen Hofkurier mit einem Brief zum Chan-Meister Yuantong Na und berief ihn zum Abt des großen Klosters Xiaozi. Yuantong behauptete, unwohl zu sein, und folgte dem Ruf nicht; er sandte die Botschaft, Dajiao sei würdig, dem kaiserlichen Gebot zu folgen.

Jemand sagte zu ihm: «Der Kaiser bekundet Hochachtung für die erleuchtete Tugend, und sein Wohlwollen beschirmt dies schöne Land. Weshalb lehnt Ihr so entschieden ab?»

Yuantong sagte: «Ich bin des Mönchsstandes nicht würdig, mein Sehen und Hören ist nicht klar. Ich bin es zufrieden, im Wald zu ruhen, Gemüse zu essen und Wasser zu trinken. Da war das, was sogar die Buddhas nicht taten, von anderen ganz zu schweigen.

Ein Philosoph der alten Zeit pflegte zu sagen: ‹Es ist schwer, lange zu leben, wenn man einen großen Namen hat.› Ich gehe den Weg der Genügsamkeit im täglichen Leben, ich mühe mich nicht um Ruhm und Gewinn. Wenn solche Dinge deinen Geist bedrängen, wann wärest du dann je zufrieden?

Deshalb hat der große Dichter Su Shi einst gesagt: ‹Wenn du Frieden erfährst, ergeht es dir wohl; wenn du Zufriedenheit erfährst, bist du reich.›»

Den Ruhm meiden, Bescheidenheit und Unbestechlichkeit ausbilden, gut von Anfang bis Ende – das war in Yuantong Na verwirklicht.

Biographie

7. *Regeln*

Yuantong Na sagte:

In alter Zeit wurde die Chan-Gemeinschaft eingerichtet, mit Regeln und Richtlinien, um die Menschen am Ende des Zeitalters der Nachahmung dem Nebel des Irrtums zu entreißen. Die Gründer wußten nicht, daß die Schüler im letzten Teil der Nachahmungszeit die Regeln in ihrem Sinne umdeuten und die Gemeinschaft ruinieren würden.

In uralter Zeit lebten sie alle von sich aus den Regeln gemäß, mochten sie auch in Verstecken und Höhlen hausen; später dann wurde jeder leichtfertig und rücksichtslos, wenn sie auch alle nun in geräumigen Häusern wohnten. Daher heißt es: «Die Frage der Sicherheit oder Gefährdung ist eine Sache der Tugend; die Frage des Blühens oder Untergehens ist eine Sache der Zeit.»

Wenn Tugend wirksam gemacht werden kann, wozu dann ein Kloster? Wenn auf die Zeit Verlaß wäre, wozu dann Regeln?

Niederschrift von den Feldern

8. Besorgnis und Verdruß

Yuantong sagte zu Dajiao:

Die Weisen der alten Zeit regierten ihren Geist, bevor er sproß, geboten Gefühlen Einhalt, bevor Verwirrung entstand. Ganz allgemein bedeutet Vorbereitung, daß kein Verdruß entsteht. Deshalb heißt es: «Die Alarmglocke wird am äußeren Tor geschlagen, wenn man es mit Räubern zu tun bekommt», und Vorbereitungen werden rechtzeitig getroffen.

Wird die Aufgabe vorbereitet, so fällt ihre Ausführung leicht. Handelt man übereilt und ohne Sorgfalt, so muß sie schwierig sein. Daran liegt es, daß die Weisen der alten Zeit ihr Leben lang eine Besorgnis kannten, aber nicht einen Tag Verdruß erlebten.

Jiufeng-Annalen

9. Ein flinker Vogel

Yunji Shun sagte zu Fushan Yuan:

Wenn du soviel du kannst über die vollkommene Erleuchtung herausfinden möchtest, mußt du nur um so entschlossener sein, je erschöpfter du bist, mußt du nur immer tatkräftiger werden, je älter du wirst. Folge nicht dem gemeinen Volk im Erraffen von Ruhm und Profit zum Schaden der höheren Tugend.

An der Jade schätzt man den reinen Schmelz, der weder durch Rot noch durch Purpur in seinem Charakter verändert werden kann. Die Kiefer ragt auf in der kältesten Zeit des Winters, und weder Frost noch Schnee können ihr etwas anhaben. Daher wissen wir: Weil Anstand und Rechtschaffenheit das sind, was groß ist in der Welt, kommt es nur darauf an, standhaft zu sein.

Solltest du deine Kräfte nicht üben? Einer der Alten sagte: «Ein flinker Vogel fliegt allein, Zurückgezogenheit ist ohne Gefährten.» So sollte es sein.

Umfangreiche Aufzeichnung

10. Arbeit und der Weg

Fushan Yuan sagte:

Die Alten verbanden sich Lehrern und suchten sich ihre Gefährten aus, und niemals ließen sie nach in ihrem Bemühen. Es machte ihnen nichts aus, hart zu arbeiten; sie enthülsten Korn oder bereiteten die Mahlzeiten und gaben sich ganz solchen gewöhnlichen Verrichtungen hin. Als ich selbst noch ein Schüler war, erlebte ich dies sehr eindringlich.

Sobald da jedoch Überlegungen sind, ob du etwas davon haben wirst, sobald du Gewinn und Verlust einander gegenüberzustellen beginnst, wird es des Schwankens und der Kompromisse kein Ende mehr haben.

Und wenn man nicht selbst aufrecht und wahrhaftig ist, wie sollte man da in der Lage sein, den Weg der Erleuchtung zu erforschen?

Worte eines Aufwärters

11. Warm und kalt

Fushan Yuan sagte:

Es gibt gewiß Dinge in der Welt, die auch unter widrigen Umständen wachsen, doch wir haben noch nichts gesehen, das leben könnte, wenn auf einen Tag Wärme zehn Tage Kälte kämen.

Der unübertreffliche Weg liegt klar vor dem inneren Auge, nicht schwer zu sehen – entscheidend aber ist, von festem Willen und unnachgiebig in der Übung zu sein.

Dies solltest du beherzigen, was auch immer du tust. Wenn du einen Tag glaubst und zehn Tage zweifelst, wenn du am Morgen eifrig ans Werk gehst, aber am Abend davon abläßt, wird es dir nicht nur schwerfallen, den Weg zu sehen, der direkt vor deinen Augen ist, sondern du wirst ihm, fürchte ich, bis ans Ende deines Lebens den Rücken kehren.

Brief an einen langjährigen Schüler

12. Sicherheit und Gefahr

Fushan Yuan sagte:

Nichts ist so entscheidend für die Führerschaft und Lehrerschaft, wie sorgfältig zu entscheiden, was anzunehmen und was beiseite zu lassen ist. Über das Vollziehen des Annehmens oder Weglassens wird innen bestimmt; über die Anfänge von Sicherheit und Gefahr wird außen bestimmt.

Sicherheit ist nicht die Sicherheit eines Tages, und Gefahr ist nicht die Gefahr eines Tages. Sicherheit und Gefahr sind Ergebnis allmählicher Entwicklung.

Unumgänglich ist es, sich die Sache der Führerschaft klarzumachen. Wird Führerschaft aufgrund von Erleuchtungseigenschaften ausgeübt, so sammelt sie Erleuchtungseigenschaften an; wird Führerschaft mit Freundlichkeit und Gerechtigkeit ausgeübt, so sammelt sie Freundlichkeit und Gerechtigkeit an. Ausbeuterische Führerschaft sammelt Groll und Feindseligkeit an.

Wo Groll und Feindseligkeit sich ansammeln, werden Innen und Außen einander fremd und gegensätzlich. Wenn Freundlichkeit und Gerechtigkeit sich ansammeln, sind Innen und Außen in Harmonie und glücklich. Wenn Erleuchtungseigenschaften sich ansammeln, sind Innen und Außen empfänglich und willig.

Wo also eine Fülle von Erleuchtungseigenschaften ist, Freundlichkeit und Gerechtigkeit, da sind Innen und Außen glücklich. Wo Ausbeutung und Groll überhandnehmen, sind Innen und Außen unglücklich. Dieses Gefühl von Unglück und Glück ist es, dem Unheil und Heil entsprechen.

Brief an Meister Jingyin Tai

13. Drei Grundvoraussetzungen der Führerschaft

Meister Fushan Yuan sagte:

Es gibt drei Grundvoraussetzungen der Führerschaft: Menschlichkeit, Klarheit und Mut.

Menschlich die Tugenden des Weges auszuüben, vermehrt den Einfluß der Lehre, besänftigt die, die hohe oder niedrige Positionen innehaben, und ist den Vorbeigehenden eine Freude.

Jemand, der Klarheit hat, hält sich an das rechte Verhalten und tut seine Pflicht, erkennt, was gefahrlos und was gefährlich ist, erforscht die Menschen, um zu sehen, ob sie weise oder töricht sind, und unterscheidet recht und falsch.

Die Mutigen bringen die Dinge zum Abschluß, sie regeln die Dinge, ohne zu zweifeln. Sie entledigen sich all dessen, was falsch oder unecht ist.

Menschlichkeit ohne Klarheit – das ist, als besäße man ein Feld und pflügte es nicht. Klarheit ohne Mut – das ist, als sprösse die Saat, und man jätete nicht. Mut ohne Menschlichkeit – das ist, als verstünde man zu ernten, aber nicht zu säen.

Wo aber alle drei sind, da gedeiht die Gemeinschaft. Wo eines fehlt, da entartet die Gemeinschaft. Fehlen zwei, so ist die Gemeinschaft ernstlich bedroht, und wo nicht einmal eines der drei ist, da ist der Weg der Führerschaft verwüstet.

Brief an Meister Jingyin Tai

14. Unvereinbarkeit

Fushan Yuan sagte:

Weise und töricht, tugendhaft und verdorben, die sind wie Wasser und Feuer – nicht im selben Gefäß unterzubringen; sie sind wie kalt und heiß – nicht zugleich. Das liegt an ihrer Natur.

Die Tugendhaften und Weisen sind rein und geläutert, ehrlich und rücksichtsvoll. Sie planen ihr Tun aufgrund von erleuchteter Tugend, Menschlichkeit und Gerechtigkeit. Wenn sie das Wort ergreifen oder etwas tun, fürchten sie nur, daß sie vielleicht nicht in Übereinstimmung mit der Verfassung der Menschen sind oder nicht in das allen Dingen zugrundeliegende Prinzip eindringen.

Die Verdorbenen sind hinterhältig und falsch, von sich selbst eingenommen, prahlerisch; sie geben ihren Gelüsten nach, gieren nach Gewinn, sind vollkommen achtlos.

Wenn eine spirituelle Gemeinschaft weise und tugendhafte Menschen hat, werden die Tugenden des Weges geübt, werden allgemeingültige Prinzipien eingeführt, und schließlich wird die Gemeinschaft ein Hort der wahren Lehre. Laß einen Schlechten sich unter sie mischen, der Unruhe stiftet, und innen wie außen wird Mißbehagen sein. Selbst wenn sie die ursprünglichen Regeln der Chan-Gemeinschaften hätten, was würden sie ihnen dann noch nützen?

Die Vortrefflichkeit und Minderwertigkeit der Weisen und Törichten, der Guten und Schlechten ist von dieser Art. Wie sollte es möglich sein, sich nicht zwischen diesen zu entscheiden?

Ein Brief von Meister Huili Fang

15. Führerschaft und die Gemeinschaft

Fushan Yuan sagte:

Der Führer, der über andere gestellt ist, sollte im Umgang mit Untergebenen bescheiden und achtungsvoll sein. Funktionsträger sollten mit ganzem Ernst für die Führung arbeiten. Wenn Oben und Unten im Einklang sind, geht der Pfad der Führerschaft ohne Unterbrechung weiter.

Wenn der Führende hochmütig ist und die Untergebenen faul und achtlos sind, gibt es keinen Austausch mehr zwischen dem Geist der Oberen und dem der Unteren. Dann ist der Pfad der Führerschaft versperrt.

Wenn Weise der alten Zeit offiziell als Führer dienten, plauderten sie gelegentlich in der Mußezeit mit den Schülern über fast alles, was es so gibt. Davon finden wir hier mal ein Wort, da mal einen halben Satz in den Annalen verzeichnet und sind jetzt noch des Lobes voll. Was könnte der Grund sein?

Einmal ist da das Verlangen, daß höheres Bewußtsein den Tieferstehenden mitgeteilt werde, damit der Weg der Erleuchtung weder versperrt noch verdunkelt ist.

Zum anderen geht dem voraus das Wisssen um die Fähigkeit der Schüler – ob sie geeignet sind oder nicht.

Wenn die Heiligen in Erscheinung traten und wenn sie sich zurückzogen, so war das stets in Übereinstimmung mit dem, was angemessen war. Es gab natürliche Achtung und Harmonie zwischen den Oberen und den Unteren, und so kamen Menschen von nah und fern, um sich achtungsvoll einzureihen.

Der Aufstieg der Chan-Gemeinschaften kam nur auf diese Weise zustande.

Brief an Meister Touzi Yiqing

16. Zinnoberrote Aborthäuschen

Fushan Yuan sagte zu Daowu Zhen:

Mit denen, deren Forschen noch nicht in den Weg eingemündet ist, die aber ihre Gelehrsamkeit zur Schau stellen und deren Mund überquillt von bloß verstandesmäßig Erfaßtem, wenn sie mit Beredsamkeit und scharfer Zunge Siege erfechten, ist es wie mit zinnoberrot gestrichenen Aborthäusern – es verstärkt nur noch den Geruch.

Erinnerungen vom Westsee

17. Den Geist bändigen

Meister Yuan sagte zu Wuzu:

Der Geist ist der Meister des Körpers, Grundlage der Myriaden Aktivitäten; wenn der Geist nicht vollkommen erleuchtet ist, stellen sich ganz von selbst Verblendungen ein.

Sind Verblendungen erst geboren, wird die Wahrheit nicht mehr klar wahrgenommen, recht und unrecht werden verwechselt.

Beim Bändigen des Geistes muß man deshalb nach vollkommener Erleuchtung streben.

Erleuchtet, ist der Geist harmonisch, der Atem ist still, der Ausdruck würdevoll, der Körper fest. Irrige Vorstellungen und emotionales Denken – sie schmelzen dahin im wahren Geist. Wenn du so den Geist regierst, wird der Geist ganz von selbst strahlend makellos sein.

Wenn du danach Menschen anleitest, die verirrt

und verwirrt sind, wer würde da nicht der Lehre folgen?

Wahre Aufzeichnung über Fushan

18. Mißtrauen

Wuzu Fayan sagte:

Wenn die Schüler des Weges in den heutigen Klostergemeinschaften den Menschen nicht bekannt werden und diese ihnen nicht glauben, so liegt das für gewöhnlich daran, daß ihre Lebensführung nicht durch und durch gut ist und ihre Bemühungen um die Menschen nicht wirklich dienlich sind. Ganz plötzlich greifen sie nach Ruhm und Gewinn und tragen dann ihren Flitter überall zur Schau. Daher werden sie gerügt von denen, die wissen.

Dadurch wird das zutiefst Staunenswerte der Wahrheit verdunkelt. Selbst wenn diese Leute buddhistische Tugenden vorweisen können, wird man an ihnen zweifeln und ihnen mißtrauen, wo man sie hört oder sieht. Solltet Ihr eines Tages ein Dach über dem Kopf haben, so erinnert Euch dessen und haltet Euch damit zur Arbeit an.

Antwortbrief Fojians an Touzi

19. Das Haus der Hauslosen

Wuzu sagte:

Als der Meister meines Meisters in Yangqi lebte, dessen Namen er später berühmt machte, hatte das alte

Gebäude gebrochene Balken und konnte kaum noch Schutz bieten vor Wind und Regen.

Eines Abends, als der Winter nahte, waren die Bänke mit Schnee und Graupeln bedeckt, so daß man nirgends sitzen konnte. Die Mönche baten ihn inständig, Reparaturen vornehmen zu lassen, doch er vertröstete sie mit diesen Worten:

«Der Buddha sagte: ‹Im Zeitalter des Niedergangs wandeln selbst die hohen Felswände und die tiefen Täler sich und werden unbeständig – wie könntet ihr da alles ganz so haben, wie ihr möchtet, und nach Befriedigung des Euren trachten?› Ihr alle habt euer Zuhause und die Gesellschaft verlassen, um den Weg zu ergründen, doch euer Handeln ist ohne rechten Ernst. Ihr seid schon vierzig oder fünfzig – wie könnt ihr da noch Zeit übrig haben, euch um schöne Gebäude Gedanken zu machen?»

Und so verweigerte er ihnen seine Zustimmung. Den nächsten Tag erhob er sich in der Halle und sagte:

«Die Wände des Raumes, in dem ich nächtige, haben Ritzen, die Bänke sind mit Schneeperlen übersät. Den Hals zwischen die Schultern ziehend, seufze ich im Dunkeln und denke zurück an die Alten, die unter Bäumen lebten.»

Umfangreiche Aufzeichnung

20. Chan-Adepten

Wuzu sagte:

Chan-Adepten hüten die Zitadelle des Geistes und dienen den Regeln der Gebote. Daran denken sie und üben es Tag und Nacht.

Ihr Handeln geht nicht über ihre Erwägungen hinaus, ihre Erwägungen gehen nicht über ihr Handeln hinaus; sie haben einen Anfang und erwirken dessen Ziel.

Wie ein Pflüger es mit dem Feldrain hält: selten gehen sie darüber hinaus.

Aufzeichnungen des Gleichmuts

21. Chan-Gemeinschaften

Wuzu sagte:

Die Chan-Gemeinschaft ist ein Ort für die Formung von Weisen und gewöhnlichen Menschen, ein Ort der Förderung und Entwicklung von Begabungen. Sie ist ein Quell der Belehrung. Auch wenn viele Menschen zusammen leben und gleich sich gern zu gleich gesellt, hier werden sie geführt und sind gleichgestellt. Ein jeder erhält seine Übertragung vom Meister.

Vielerorts streben sie heute nicht mehr danach, den Stand der Weisen der Vergangenheit zu halten. Der parteiischen Gefühle von Mögen und Nichtmögen sind viele, und man zwingt anderen auf, was man selbst für richtig hält. Wie sollen spätere Schüler sich daran ein Beispiel nehmen?

Aufzeichnungen des Gleichmuts

22. Menschen erkennen

Wuzu sagte:

Um anderen zu helfen und die Erleuchtung weiterzugeben, ist es wichtig, geeignete Menschen zu finden. Die Schwierigkeit, Menschen zu erkennen, ist für die Weisen ein Problem. Man mag sich anhören, was die Leute sagen, aber das gibt keine Gewähr für ihr Handeln. Man mag ihr Handeln beobachten, dennoch aber ihre Begabung falsch einschätzen.

Wie will man Menschen erkennen, wenn man nicht Umgang mit ihnen gepflegt hat, wenn man nicht Gelegenheit hatte, sie vom Grundlegenden bis in die Einzelheiten genau zu erforschen, ihre Entschlossenheit und ihre Übung zu beobachten, sich ihre Anlagen und Fähigkeiten zu vergegenwärtigen, um schließlich zu sehen, ob sie den Weg bewahren und unauffällig ihre Position ausfüllen können?

Was aber die angeht, die ihren Namen feilbieten und sich mit Äußerem schmücken – das sind die Hochstapler, und denen sollte der Zugang verwehrt bleiben. Man blicke in die Tiefe, bis in alle noch so verborgenen Feinheiten.

Diesem Prinzip der forschenden Beobachtung und des aufmerksamen Zuhörens kann man nicht während eines Tages und einer Nacht gerecht werden. Deshalb durchliefen einige der Größten unter den Alten Lehrzeiten, die zehn oder fünfzehn Jahre dauerten. Was der Übermittlung der alten Weisen zugrunde lag, war gewiß nicht von der Art, daß seichte Menschen es hätten erben und weitertragen können. Die Schulung, wo auch immer, kann nur erfolgreich fortgeführt werden, wo es vollkommene Übermittlung von Geist zu Geist gibt.

Dieses Prinzip der forschenden Beobachtung und des aufmerksamen Zuhörens hat einen klaren Anschauungsbeweis in der Erfahrung. Es läßt kluge Worte und imponierendes Auftreten, eigennützige Parteigängerschaft und Schmeichelei nicht als ausreichend für die Wahl gelten.

Brief an Yuanwu

23. Tugend und Güte

Wuzu sagte:

Die Macht eines vorbildlichen Führers liegt in der Ausübung von Tugend und Güte – eines von beiden zu vernachlässigen bedeutet Ungenügen. Wenn Ihr Güte ohne Tugend habt, werden die Leute Euch nicht achten. Wenn Ihr Tugend ohne Güte habt, werden die Leute sich Euch nicht nahen.

Wenn man weiß, daß Güte anzieht, und dann auch Tugend zu Hilfe nimmt, wird die wirksam gewordene Güte ausreichen, Oben und Unten in Einklang zu bringen, Menschen von überallher zum Kommen zu ermutigen.

Wenn man von achtungswürdigen Tugenden geleitet ist und dann auch Güte zu Hilfe nimmt, wird die hochgehaltene Tugend genügen, den Erleuchteten der Vergangenheit nachzufolgen und die Unwissenden und Verblendeten anzuleiten.

Darum nährt ein guter Führer die Tugend, um so Güte zu üben, und verbreitet Güte, um so die Tugend hochzuhalten. Wenn man Tugend hat und sie zu nähren vermag, ist man nie beengt; wenn man Güte hat und sie zu üben vermag, so stellt sich Dankbarkeit ein.

So bergen Tugend und Güte einander, beflügeln Güte und Tugend einander. So wird man zwanglos geachtet und doch nicht unnahbar sein. Welcher Suchende auf dem Weg würde nicht zu solch einem Führer kommen? Es ist notwendig, diese wesentlichen Dinge zu verstehen, um die Erleuchtungseigenschaften weiterzugeben und die Schulung vorantreiben zu können.

Brief an Foyan

24. Meisterschaft in beiden Welten

Als Wuzu Fayan von Haihui nach Dongshan ging, statteten Meister Taiping Fojian und Meister Longmen Foyan, beide seine früheren Schüler, ihm dort einen Besuch ab.

Wuzu versammelte die Ältesten und einige fortgeschrittene Mönche zu einem Abendplausch.

Wuzu befragte Fojian über das Wetter dort, wo er lebte. Dann erkundigte er sich nach der Ernte auf den Ländereien des Klosters, das Fojian unterstand. Da Fojian einige Zeit brauchte, um die Erträge zusammenzurechnen, tadelte sein alter Lehrer Wuzu ihn in aller Form, daß er seiner Verantwortung nicht gerecht werde, was daran zu erkennen sei, daß er nicht gänzlich auf dem laufenden war über den Stand dessen, wovon die ganze Gemeinschaft unterhalten wurde.

In einem Brief an einen jüngeren Adepten einer späteren Generation schrieb der Meister Geng Longxue über Wuzu: «Wuzu war im allgemeinen sehr streng und schnell in der Einschätzung einer Verfassung. Seit jedoch Fojian Wuzus Schüler geworden war, kamen seine Antworten stets sehr langsam, mitunter so langsam wie hier. Einer der Alten hat gesagt: ‹Wenn der Lehrer streng ist, wird der Weg, der geübt wird, geachtet.› Daher bewahrheitet der Umstand, daß viele Nachkommen der Ostberg-Schule des Chan, der Schule von Wuzu Fayan, von außerordentlicher Weisheit und Tugend waren, das alte Sprichwort ‹Wenn die Quelle tief ist, ist der Fluß lang.›»

25. Ein unergründlicher Buddha

Wenn der Chan-Meister Wuzu Fayan untadelige Mönche sah, die würdig waren, gefördert zu werden, so fertigte er sie im Gespräch unter vier Augen streng ab und kam ihnen in keiner Weise entgegen, weder mit Worten noch durch seine Haltung.

Denen aber, die voreingenommen und verblendet, schmeichlerisch und falsch waren und niederträchtig handelten, begegnete er mit besonderer Freundlichkeit und Achtung. Niemand konnte das begreifen.

Für Wuzus Entscheidung, was zu tun und was zu lassen sei, gab es stets einen Grund.

Geng Longxues Nachschrift zu Wuzus Darlegungen

26. Großes Licht

Wuzu sagte:

Die Alten waren froh, wenn sie auf ihre eigenen Irrtümer aufmerksam gemacht wurden, es machte ihnen Freude, Gutes zu tun und großmütig zu sein; das Unrecht anderer ließen sie unerwähnt, gegenüber ihren Chan-Gefährten traten sie bescheiden auf, und sie waren eifrig darauf bedacht, den Menschen zu helfen und sie zu retten. Sie verunreinigten ihren Geist nicht, und daher war ihr Licht groß und leuchtet durch Gegenwart und Vergangenheit.

Antwortbrief an Lingyun

27. Grundbedingungen der Führerschaft

Wuzu sagte zu Fojian:

Für einen Führer ist es sehr wichtig, daß er großzügig zur Gemeinschaft ist, für sich selbst aber genügsam. Was aber das übrige angeht, die nebensächlichen Dinge – damit gebt Euch nicht ab.

Wenn Ihr den Menschen Aufgaben zuteilt, so prüft sie erst gründlich, um zu sehen, ob sie aufrichtig sind. Wenn Ihr Eure Worte wählt, so nehmt die entschiedensten. Führer werden zwanglos geachtet, wenn man ihre Worte ernst nimmt; die Gemeinschaft ist von selbst beeindruckt, wenn die Leute aufgrund ihrer Aufrichtigkeit ausgewählt werden.

Wenn Ihr redlich seid, so gehorcht die Gemeinschaft auch dann, wenn Ihr nicht streng seid; wenn die Gemeinschaft beeindruckt ist, werden die Dinge getan, ohne daß besondere Anweisungen gegeben werden müssen. Die Klugen und die Dummen – ein jeder bringt zwanglos seine Gemütsart ein; die Kleinen und die Großen – ein jeder steuert sein Bemühen bei.

Dies ist zehntausendmal besser, als daß einige sich durch autoritäre Macht durchsetzen und andere nicht anders können, als ihnen unter Zwang zu folgen.

Brief an Fojian (in den persönlichen Aufzeichnungen eines Aufwärters)

28. Sorgen

Wuzu sagte zu Guo Gongfu:

Gemütsverfassung und Gefühle der Menschen sind wahrlich unbeständig. Sie wandeln sich täglich, Veränderungen folgend. Der Buddhismus hat seit den Anfängen wiederholt Zeiten der Blüte und des Niedergangs erlebt, und der Grund für sein Gedeihen oder Entarten hat immer in der Lehrtätigkeit gelegen.

In der alten Zeit, als die frühen Chan-Meister sich um die Menschen bemühten, fächelten sie mit klarem Wind, lenkten mit Reinheit, wachten über alles mit moralischer Tugend, lehrten Schicklichkeit und rechtes Handeln und brachten die Schüler so dazu, Herr ihres Sehens und Hörens zu sein, schlechten Neigungen Einhalt zu gebieten, alles Sich-Verlieren in Begierden abzuschneiden und Gewinn und Ehre keine Beachtung zu schenken.

Dadurch gingen sie täglich weiter auf das Gute zu, hielten Fehler fern, verwirklichten den Weg und seine Tugenden – und ohne sich dessen als verdienstvoll bewußt zu sein.

Die Heutigen sind weit davon entfernt, wie die Alten zu sein. Wenn sie diesen Pfad in seiner ganzen Länge erforschen wollen, müssen sie ihre Entschlossenheit fest und unbeugsam machen, bis sie Erleuchtung erlangen. Danach bleibt es der Natur überlassen, ob man Unheil oder Not, Gewinn oder Verlust erfährt. Man soll nicht über das vernünftige Maß hinaus versuchen, ihnen zu entgehen.

Warum sollte jemand dies verfehlen, indem er sich vorher schon Sorgen macht, daß es ihm nicht gelingen könne? Sobald die geringste Besorgnis aufkeimt, wird es nicht nur in diesem Leben nicht gelingen, die Erleuchtung zu verwirklichen – man wird nie eine Zeit der Erfüllung erleben.

Annalen vom Haus des Gleichmuts

29. Der Selbst-Weiser

Baiyun sagte zu Gongfu:

In früherer Zeit war Cuiyan Zhen, der «Selbst-Weiser», einer, der es liebte, sich in Chan-Betrachtungen zu ergehen; und redegewandt und scharfzüngig, wie er war, schmähte er jeden, und keiner fand je seine Anerkennung.

Tatsächlich aber war die große Wahrheit ihm nicht vollkommen klar. Eines Tages lachte ein älterer Schüler aus einem anderen Kloster, als er seiner ansichtig wurde, und sagte: «Älterer Bruder, Ihr mögt zwar eine Menge Chan studiert haben, doch seid Ihr noch nicht vollkommen erleuchtet. Dies sollte man unwissendes Chan nennen.»

Baiyuns abendliche Darlegungen

30. Schwarzseherei

Baiyun sagte:

Wie könnten Blüte oder Niedergang des Weges etwas Dauerhaftes sein? Beides wird nur von Menschen verbreitet. Deshalb heißt es: «Es anwenden bedeutet Leben, es aufgeben bedeutet Untergang.»

Nicht der Weg weicht also von den Menschen ab – die Menschen weichen vom Weg ab.

Die Menschen der alten Zeit blieben in den Bergen und Wäldern, lebten unauffällig in den Städten und Ortschaften. Von Ruhm oder Gewinn wurden sie nicht angezogen, Klänge und Formen konnten sie nicht täuschen. So konnten sie schließlich ein Zeitalter läutern und ordnen, und sie hinterließen zehntausend Generationen ein hervorragendes Erbe.

Was in der Vergangenheit möglich war, sollte das nicht auch jetzt möglich sein? Es liegt doch nur daran, daß die Lehre nicht vollständig und die Praxis ohne Nachdruck ist. Manche sagen, die Alten seien klar und schlicht und daher belehrbar gewesen, die Heutigen aber seien wankelmütig und seicht und daher nicht belehrbar. In Wahrheit sind das Worte, die einem Irrglauben Vorschub leisten – sie sind wahrlich keiner Erwägung würdig.

Antwortbrief an Guo Gongfu

31. Sprechen und handeln

Baiyun sagte zum Laien Yang Wuwei:

Was gesagt, aber nicht in die Tat umgesetzt werden kann, bleibt besser ungesagt. Was ausgeführt, aber nicht ausgesprochen werden kann, bleibt besser ungetan.

Wenn Ihr Worte sprecht, solltet Ihr stets bedenken, worauf sie zielen. Wenn Ihr ein Handeln festlegt, solltet Ihr stets bedenken, worauf es sich erstreckt.

In dieser Hinsicht hatten die Alten acht auf ihre Worte und Taten.

Wenn sie sprachen, so demonstrierten sie nicht einfach nur das Prinzip des Chan – sie öffneten damit auch den Geist der Schüler, die noch nicht erleuchtet waren.

Wenn sie ihre Schulungsweise festlegten, so sorgten sie damit nicht einfach nur für sich selbst – sie nutzten sie auch zur Schulung derer, die noch wenig entwickelt waren.

Daher: Wenn sie sprachen, waren ihre Worte mustergültig, und ihr Handeln entsprach den guten Sitten. Damit waren sie fähig zu sprechen, ohne daß Unheil entstand, zu handeln, ohne daß Schande entstand. Ihre Worte wurden so zu Schriften, ihr Handeln wurde Vorbild.

Deshalb heißt es: «Sprechen und Handeln sind die Angelpunkte des Wahren Menschen, und von hier geht die Beherrschung der eigenen Person aus.» Sie vermögen Himmel und Erde zu bewegen, ja selbst Gespenster und Geister zu berühren, daher sollte man sie achten.

Wahre Aufzeichnung über Baiyun

32. Bis auf den Grund schauen

Baiyun sagte zu Wuzu:

Viele kenntnisreiche und fähige Buddhisten sehen, wenn etwas schon so ist, können jedoch nicht sehen, solange es noch nicht so ist.

Das Aufhören von Vorstellungen, die Einsicht in die objektive Wirklichkeit, Sammlung und Erkenntnis sind im voraus wachsam.

Tun, Einhalten, Loslassen und Auslöschung werden bemerkt, wenn sie schon geschehen sind.

Was Tun, Einhalten, Loslassen und Auslöschung nützen, ist daher leicht zu sehen, doch schwer ist das Wirken von Aufhören und Einsicht, Sammlung und Erkenntnis zu erfassen.

Doch die Alten waren unbeirrbar auf den Weg ausgerichtet. Sie schnitten Gedanken ab, bevor sie sprossen. Sie besaßen Aufhören und Einsicht, Sammlung und Erkenntnis, Tun, Einhalten, Loslassen und Auslöschung, doch all das war nur eine Sache des Vorgangs.

Daher heißt es: «Wenn da von Anfang und Ende die Rede ist, so ist das Selbsttäuschung.» Dies ist das Wort eines alten Meisters, der bis auf den Grund schaute und sich nicht selbst täuschte.

Wahre Aufzeichnung über Baiyun

33. Schulung ohne Abkehr von den Menschen

Baiyun sagte:

Viele Mönche, die ich gesehen habe, waren nie der langen Sicht eingedenk. Ich fürchte, die Klöster werden davon geschwächt. Mein verstorbener Meister Yangqi pflegte zu sagen: «Wenn die oben und die unten es sich bequem zu machen versuchen, ist das von größtem Schaden für die Lehre.»

Damals, als ich zurückgezogen in der Bibliothek des Klosters Guizong lebte und die alten Schriften und Geschichtswerke las, kamen mir Hunderte davon vor Augen. Die Bücher waren sehr zerlesen und sehr alt, doch sooft ich einen Band aufschlug, war da ein Gefühl von Entdeckung.

Wenn ich die Sache aus dieser Sicht betrachte, so ist Schulung ohne Abkehr von den Menschen dem ähnlich.

Wahre Aufzeichnung über Baiyun

34. Zu früh tätig werden

Zhantang erzählte:

Baiyun leitete zuerst das öffentliche Kloster Chentian in der Region der Neun Flüsse, dann das Kloster Yuantong. Er war sehr jung für einen Chan-Meister.

Zu der Zeit befand sich der große Meister Huitang im Kloster Baofeng. Er sagte zu Yue Gonghui: «Der neue Abt in Yuantong durchschaut ohne Zweifel das Grundlegende und macht Yangqis Nachfolge keine Schande. Bedauerlich ist jedoch, daß er zu früh tätig wurde – das ist nicht glückverheißend für ein Kloster.»

Als Gonghui nach dem Grund fragte, sagte Huitang: «Es ist, als mißgönnte die Schöpfung bestätigte Verwirklichung und hervorragende Befähigung und gewährte sie der Menschheit nicht gänzlich. Was die Menschen entschieden begehren, wird der Himmel gewiß fortnehmen.»

Als Baiyun in Haihui starb, war er gerade sechsundfünfzig Jahre alt. Das war für einen Chan-Meister ein ungewöhnlich früher Tod. Die es wissen, sagen, der große Meister Huitang sei der kleinsten Anzeichen gewahr gewesen, ein wirklich Wissender.

Aufzeichnung von Dingen, die Zhantang gehört hat

35. Fortgesetztes Lernen

Meister Huitang machte Yue Gonghui in Baofeng seine Aufwartung. In seinem klaren Verständnis der tiefgründigen Lehren des *Sūtra des Heldenhaften* (*Shūrangama-Sūtra*) war Gonghui unübertroffen in seiner Zeit. Jeder Satz, jedes Wort, das Huitang hörte, war ihm wie ein kostbares Juwel, und er zeigte sich überwältigt von Freude.

Unter den Mönchen seiner Gemeinschaft waren einige, die unter sich ihr Mißfallen am Verhalten des Meisters bekundeten. Als Huitang davon erfuhr, sagte er: «Ich lote seine Stärken aus und tue etwas gegen meine Unzulänglichkeit – wessen sollte ich mich da schämen?»

Ying Shaowu sagte: «Meister Huitangs Bemühen um den Weg ist ein Vorbild für Chan-Mönche. Immer noch betrachtet er die natürliche Überlegenheit der achtenswerten Tugend als Stärke und hält es für beschämend, wenn er etwas noch nicht gehört oder gesehen hat – und so gibt er denen im Kloster, die sich selbst aufblasen und andere herabsetzen, ein Richtmaß, dessen sie eingedenk sein können. Die ist fürwahr von einigem Nutzen.»

Lingyuans Hinterlassenschaft

36. Entscheidungen

Huitang sagte:

Wesentlich für die Führerschaft ist, daß man die Weitblickenden und Großmütigen nimmt und die

Kurzsichtigen und Engstirnigen beiseite läßt. Will eine Sache sich einfach nicht lösen lassen, so wende man sich an erfahrene und reife Menschen, und bleibt dann noch ein Zweifel, so befrage man die Kenntnisreichen. Wenn dann noch etwas unerledigt bleibt, so wird es nicht allzu viel sein.

Wenn ein Führer andererseits gern seinen eigenen Gefühlen freien Lauf läßt und ganz aus Eigenem nimmt oder gibt, wird er eines Tages in die Ränke engstirniger Menschen verstrickt werden. Wer ist schuld daran?

Daher heißt es: «Das Planen geschieht mit den vielen, das Entscheiden allein.» Indem man mit den vielen plant, kann man abschätzen, ob letztlich Nutzen oder Schaden entstehen wird. Indem man allein entscheidet, kann man richtig und falsch für die Gemeinschaft bestimmen.

Brief an Caotang

37. Personalprobleme

Einmal sah Huitang den großen Meister Huanglong mit einem unfrohen Gesichtsausdruck und befragte ihn darüber. Huanglong sagte: «Ich habe noch niemanden gefunden, der für das Kloster Buchhalter sein könnte.»

Da empfahl Huitang den stellvertretenden Klostervorsteher Gan.

Huanglong sagte: «Gan ist noch nicht gewandt genug – ich fürchte, daß kleinliche Leute gegen ihn intrigieren könnten.»

Huitang sagte: «Aufwärter Hua ist ehrlich und recht umsichtig.»

Huanglong sagte: «Hua ist zwar ehrlich und umsichtig, aber nicht so gut wie Xiu, der Grundaufseher.»

Lingyuan fragte Huitang eines Tages: «Als Huanglong einen Buchhalter brauchte, weshalb machte er sich da so viele Gedanken darum?»

Huitang sagte: «Die Volk und Familie haben, haben dies schon immer zur Grundlage gemacht. War nur Huanglong so? Auch die Weisen der alten Zeit haben es sich zur Pflicht gemacht.»

Auf die Mauer in Tongan geschrieben

38. Weiterführende Schulung

Huitang sagte zu Zhu Shiying:

Als ich auf den Weg gelangte, verließ ich mich ganz auf mich selbst. Dann, nachdem ich meinem verstorbenen Lehrer Huanglong begegnet war, zog ich mich zurück und erwog mein tagtägliches Tun. Ich fand vieles darin, was dem Prinzip widersprach.

Und so widmete ich mich dem schließlich drei Jahre lang. Auch bei strengster Kälte und feuchter Hitze blieb meine Entschlossenheit ungebrochen. Erst danach gelang es mir endlich, in allem mit dem Prinzip in Übereinstimmung zu sein.

Heute ist jeder Schritt, den ich tue, auch der lebendige Sinn des Buddhismus.

Aufzeichnung vom Zhang-Fluß

39. Weise und gewöhnliche Menschen

Huitang sagte:

Der Weg der Weisen ist wie Himmel und Erde, die Myriaden Wesen erstehen lassen – nichts, wofür der Weg nicht sorgte.

Der Weg der gewöhnlichen Menschen ist wie Flüsse, Seen, Berge, Bäche, Hügel und Täler, Pflanzen, Bäume und Insekten – ein jedes erfüllt sein eigenes Maß, und das ist alles. Sie kennen außerhalb dessen nicht das, was die Vollkommenheit eines jeden Dinges ausmacht.

Aber kann der Weg denn zwei sein? Ist es nicht so, daß groß und klein nur nach Maßgabe der Tiefe oder Seichtheit der Erfahrung gegeben sind?

Antwortbrief an den Laien Zhang Wujin

40. Ohne innere Not in der Welt sein

Huitang sagte:

Was lange vernachlässigt wurde, kann nicht sofort wieder ins reine gebracht werden.

Übel, die über lange Zeit angesammelt wurden, können nicht sofort wieder ausgeräumt werden.

Man kann es nicht immer nur gut haben.

Menschliche Empfindungen können nicht schlechthin richtig sein.

Unheil ist nicht dadurch zu vermeiden, daß man es zu fliehen versucht.

Ein jeder, der als Lehrer wirkt und diese fünf Dinge realisiert hat, kann ohne innere Not in der Welt sein.

Brief an Meister Xiang

41. Austausch der Herzen

Huanglong sagte:

Wesentlich für die Führerschaft ist es, die Gemeinschaft zu gewinnen. Die Gemeinschaft gewinnen, dafür ist wesentlich, daß man in die Herzen der Menschen schaut. Ein Buddha vergangener Zeit sagte: «Menschliche Herzen sind Felder des Segens für die Welt, denn hier ist es, wo der Pfad der Einsicht entspringt.»

Ob eine Zeit sicher ist oder sich vieler Verbote bedienen muß, ob etwas verderblich oder zuträglich ist, hängt stets vom menschlichen Herzen ab. Was in den Herzen der Menschen ist, mag mitgeteilt oder zurückgehalten werden – daher kommen Sicherheit und Verbote. Dinge werden mit mehr oder weniger Sorgfalt getan – daher kommen Schaden und Nutzen.

Nur Weise können mit den Herzen aller unter dem Himmel in Verbindung treten. Deshalb wird im *Buch der Wandlungen* das Hexagramm, in dem das Himmels-Trigramm unten und das Erd-Trigramm oben ist, «Sicherheit» genannt. Wenn Himmel oben und Erde unten ist, so nennt man das Hexagramm «verbietend». Ein Abnehmen oben und ein Zunehmen unten wird «Gedeihen» genannt, während man ein Abnehmen unten und ein Zunehmen oben als «Verfall» bezeichnet.

Wenn nun der Himmel unten und die Erde oben ist, so sind ihre Positionen gewiß gegensätzlich, und doch nennt man es Sicherheit, weil Oben und Unten sich mischen. Wenn der Gastgeber oben ist und der Gast daruntergestellt wird, so ist das gewiß mit ihrer Bedeutung im Einklang, und doch nennt man es verbietend, weil Oben und Unten sich nicht mischen.

Daher: Wenn Himmel und Erde sich nicht mischen,

sind die Wesen nicht groß. Wenn menschliche Herzen sich einander nicht mitteilen, sind die Dinge nicht harmonisch. Davon kommt auch die Bedeutung von Verfall und Gedeihen, von Schaden und Nutzen.

Wenn nun diejenigen, die über andere Menschen gestellt sind, sich in der Gewalt haben und großzügig sind denen gegenüber, die unter ihnen stehen, so werden jene ihnen mit Freuden dienen. Wäre dies nicht Gedeihen zu nennen? Wenn die Oberen die Unteren geringschätzen und sich gehenlassen, so werden die Unteren den Oberen gegenüber gewiß böse und widersetzlich werden. Wäre dies nicht Verfall zu nennen?

Wenn also die Oberen und die Unteren sich mischen, so bestehen Sicherheit und Friede. Wenn sie sich nicht mischen, ist etwas nicht in Ordnung. Menschen, die sich selbst zurücksetzen, sind eine Wohltat für andere; Menschen, die sich selbst erhöhen, sind schädlich für andere.

Wie dürfte man denn das Gewinnen oder Verlieren von Herzen leichtnehmen? Die alten Weisen verglichen das menschliche Sein einem Boot, wobei das Herz das Wasser ist – das Wasser kann das Boot tragen, aber auch kentern lassen. Ist das Wasser mit dem Boot, so schwimmt dieses; richtet es sich gegen das Boot, so sinkt es.

Wenn also ein Führer die Herzen der Menschen gewinnt, so ist da Gedeihen, und wenn ein Führer die Herzen der Menschen verliert, so wird er verlassen. Sie ganz zu gewinnen ist ganzes Gedeihen, sie ganz zu verlieren ist ganze Ablehnung.

Wenn beide gut sind, so gibt es viel Segensreiches, und wenn beide schlecht sind, ist das Unheil groß. Gut und schlecht sind von gleicher Art, wie zwei Perlen auf einer Schnur. Gedeihen und Verfall ereignen sich nach diesem Muster, klar wie die Sonne am Himmel. Dies ist eine grundlegende Leitlinie für Generation auf Generation.

Brief an Huanglong Sheng

42. Macht den Weg breit

Huanglong sagte zum großen Staatsmann Wang Anshi:*

Was auch immer Ihr Euch zu tun vornehmt, macht die Straße vor Euch breit und offen, damit alle Leute sie gehen können. Dies ist es, worum ein großer Mann sich kümmert.

Ist der Weg schmal und gefährlich, so daß andere ihn nicht gehen können, so werdet Ihr selbst auch nichts haben, wohin Ihr Euren Fuß setzen könnt.

Zhang-Fluß-Annalen

* Wang Anshi, auch als einer der großen Dichter Chinas angesehen, praktizierte Chan und war als Staatsmann aktiv. Auf dem Höhepunkt seiner Laufbahn versuchte er weitreichende Reformen der Regierung durchzusetzen. Er stieß auf den heftigen Widerstand einflußreicher Interessengruppen und wurde schließlich aus seiner Position verdrängt. (Anm. d. Hrsg.)

43. Keine Täuschung

Huanglong sagte:

Wenn Ihr in Eurem Sprechen und Schweigen, in Eurem Tun und Nichttun von Euch sagen könnt, daß Ihr nicht den Himmel oben täuscht, nicht die Menschen außerhalb täuscht und nicht Euren eigenen Geist innerhalb täuscht, so kann man das eine Errungenschaft nennen.

Habt Ihr aber, wenn Ihr allein seid, acht auf das Verborgene und kaum Merkliche und erkennt, daß da letztlich gar keine Täuschung geschieht, so kann man das eine wahre Errungenschaft nennen.

Antwortbrief an Wang Anshi

44. Der Mönchsälteste

Huanglong sagte:

Die Stellung des Mönchsältesten besteht darin, ein Gefäß erleuchteter Eigenschaften zu sein. Wenn die Weisen der alten Zeit Gemeinschaften entstehen ließen, Organisationsprinzipien aufstellten, Namen und Ränge ins Leben riefen und einem, der der Welt entsagt hatte und Erleuchtungseigenschaften zeigte, zum Mönchsältesten beriefen, so geschah das deshalb, damit jener diese Erleuchtungseigenschaften ausüben konnte, nicht damit irgendwer sich Hoffnungen auf diesen Namen machte.

Mein verstorbener Meister Ciming sagte einmal: «Wer in der Wildnis den Weg durch das Alter hindurch bis zum Tod bewahrt, ist nicht so gut wie einer, der den Weg übt und dabei eine Gruppe von Menschen in einer Gemeinschaft führt.»

Ist es nicht so: Wenn man das Wirken des Mönchsältesten wohl bewahrt, dann bleiben die Tugenden des Weges der Erleuchteten erhalten?

Brief an Cuiyan Zhen

45. Die Prüfung bestehen

Bei der Unterweisung unter vier Augen pflegte Huanglong drei Schranken-Sprüche zu geben, doch wenige erfaßten dieses Schulungsmittel. Wenn einmal jemand etwas erwiderte, so schloß er nur die Augen und blieb still sitzen, ohne besondere Zustimmung oder Zurückweisung.

Der Einsiedler Pan Yanzhi befragte ihn einmal näher darüber. Huanglong sagte: «Wer die Schranke schon passiert hat, geht ungehindert weiter. Wer den Torhüter fragt, ob es erlaubt ist oder nicht, der hat die Schranke noch nicht überwunden.»

Das Buch vom Wald

46. Weiter und weiter

Huanglong sagte:

Der Weg ist wie ein Berg – je weiter du kletterst, desto höher ist er. Der Weg ist wie die Erde – je weiter du gehst, desto weiter erstreckt sie sich. Oberflächliche Schüler verbrauchen ihre Kraft und bleiben stehen.

Nur jene, die den Willen zur Erleuchtung haben, können die Höhen und Tiefen erreichen. Was aber die anderen angeht, wer möchte mit denen schon zu tun haben?

Aufzeichnung gehörter Dinge

47. *Wille*

Huanglong sagte zum Laien Ying Shaowu:

Dein Wille sollte aufrichtig und standfest sein für lange Zeit. Dann wirst du eines Tages gewißlich das letzte Ziel unaussprechlicher Erleuchtung erfahren.

Behält andererseits dein Geist seine Vorlieben und Abneigungen und ergeht dein Empfinden sich in Voreingenommenheit, dann, fürchte ich, wirst du selbst mit der Entschlossenheit der Alten nie den Weg sehen.

Auf eine Mauer geschrieben

48. *Erde auf einen Berg häufen*

Meister Baofeng Ying sagte:

Die alten Meister überall, die die Aussprüche und Lehren der Erleuchteten alter Zeit kommentieren und begutachten, häufen gleichsam Erde auf einen Berg, gießen Wasser ins Meer. Wie könnten die höher oder tiefer gemacht werden, als sie sind?

Betrachtet man die Absicht der Kommentatoren näher, so besteht sie darin, den alten Lehren etwas hinzuzufügen. Doch sie gewahren nicht, daß sie nicht diejenigen sind, die das tun könnten.

Umfangreiche Aufzeichnung

49. Verlust der Rechtschaffenheit

Ying Shaowu sagte zu Huitang:

Als Meister bekannt zu sein und die Lehre fortzuführen an des Buddha Statt, Bettelmönche zu bewegen, ihren Geist auf den Weg zu richten und Sitten und Gebräuche zu ändern und zu verbessern – das alles ist nichts, was von den Seichten getan werden könnte.

Mönche des letzten Zeitalters üben nicht die Tugenden, und wenige besitzen Rechtschaffenheit. Immer wieder bestechen sie und buhlen um Gunst, erschleichen sie schwanzwedelnd Sympathie, suchen sie Ruhm und Reichtum an den Toren zeitlicher Macht.

Eines Tages wird ihr Karma sich erfüllt, ihr Glück sich erschöpft haben – Götter und Menschen werden ihrer überdrüssig sein. Sie werden die wahre Religion besudeln und ihren Lehrern und Gefährten eine Last sein. Wie sollte ich das nicht beklagen?

Huitang stimmte zu.

Lingyuans Hinterlassenschaft

50. Der Geist und die Spuren

Ying Schaowu sagte zu Pan Yanzhi:

Die sich in der alten Zeit schulten, meisterten ihren Geist; die Schüler von heute geben sich mit den Spuren ab. Der Unterschied zwischen dem Geist und den Spuren ist der zwischen Himmel und Erde.

51. Nur keine Hast

Ying Shaowu sagte zu Meister Zhenjing Wen:

Was man übereilt zur Reife treibt, wird gewiß bald zugrunde gehen. Was hastig errungen wird, kann leicht zerstört werden. Was ohne Bedacht für die lange Sicht getan und überstürzt zu Ende gebracht wird, ist nicht von weitreichendem und großem Charakter.

Himmel und Erde sind höchst wunderbar, und doch vollenden sie ihr Werk und ihre Wandlungen erst nach drei Jahren und zwei Schaltmonaten. Wieviel mehr gilt das für das Wunder des Großen Weges – wie sollte er leicht zu bewältigen sein? Entscheidend wichtig ist es, Verdienst und Tugend anzusammeln. Daher heißt es: «Wenn du schnell sein willst, bleibt das Gelingen aus; handle umsichtig, und du wirst es nicht verfehlen.»

Ein schönes Werk braucht seine Zeit, erfordert letztlich lebenslange Besonnenheit. Ein Weiser sagte: «Bleib vertrauensvoll bei deiner Aufgabe, widme dich ihr mit größtem Eifer, vollende sie gewissenhaft – dann, mag sie noch so groß sein, wird sie dir sicherlich gelingen.»

Lingyuans Hinterlassenschaft

52. Pflichterfüllung

Als Zhenjing den Wandernden Guang zum Leiter des Klosters Wufeng machte, wandten die Dortigen ein, Guang sei ungeschliffen und von zu schlichtem Gemüt – er habe nicht die Begabung, mit Menschen umzugehen.

Doch als Guang dann die Leitung übernahm, ließ er sich selbst gegenüber Strenge walten und zeigte sich großmütig gegenüber der Gemeinschaft. Nicht lange, und hundert verfallene Gebäude waren wiederhergestellt, und alle wandernden Mönche sprachen davon.

Als Zhenjing davon hörte, sagte er: «Wie die Schüler nur so leicht tadeln und loben können! Von denen, die etwas sagen zu müssen glauben, höre ich immer: ‹Der Leiter übt den Weg und sorgt für die Gemeinschaft; der Leiter belastet die Versorgungsgrundlage der Gemeinschaft nicht und leidet den gleichen Mangel wie alle.› Aber für einen, der Lehrer genannt wird und Leiter einer Gemeinschaft ist, versteht es sich von selbst, daß er die Versorgungsgrundlage nicht belastet und den gleichen Mangel leidet wie alle – was wäre daran einer besonderen Erwähnung wert?

Das ist, als würde ein hochgestellter Mann Staatsbeamter und hätte im Namen des Staates für die Menschen zu sorgen und sagte dann: ‹Ich nehme keine Bestechungsgeschenke an und schinde die Menschen nicht.› Unbestechlich sein und die Menschen nicht schinden – ist das etwa mehr, als was die Pflicht ihm gebietet?»

Informelle Reden Shantangs

53. Heuchelei

Zhenjing sagte:

Wenige Mönche des letzten Zeitalters sind unbestechlich. Wo sie die hochfliegenden Gespräche und ausgreifenden Darlegungen anderer verfolgen, sagen sie sich insgeheim, daß niemand es ihnen selbst gleichtun könne. Erhalten sie aber ein Mahl, so stehen sie doch denen bei, mit denen sie zuvor uneins waren, und preisen jene, die sie zuvor geschmäht hatten.

Es ist schwer, jemanden zu finden, der Rechtes recht und Falsches falsch nennt, einen der fest steht, der aufrichtig und aufrecht ist, frei von Heuchelei.

Auf eine Mauer geschrieben

54. Echte Fürsorglichkeit

Zhenjing sagte:

Die Regel für den Chan-Schüler lautet, daß sein Leben nicht üppig sein sollte, denn ist es das, so wird es zu Auswüchsen kommen. Man sollte nicht zu sehr nach erfreulichen Dingen streben, denn das viele Trachten bewirkt Schwächung. Wenn du irgend etwas durchzusetzen versuchst, wird gewiß irgend etwas verdorben.

Vierzig Jahre lang erlebte ich meines Meisters Huanglong Umgang mit der Welt; in seinem Sprechen und Schweigen, Handeln und Nichthandeln versuchte er nie, die Schüler durch Ausdrücke, Umgangsformen oder literarischen Glanz für sich einzunehmen. Nur jene, die wirklich Einsicht besaßen und es mit der

Wirklichkeit ernst meinten, förderte er behutsam in jeder Weise.

In dieser Fürsorglichkeit und Achtung war er wie die Alten. Selten gab es in irgendeiner der Chan-Gemeinschaften einen, den man ihm hätte vergleichen können. Und heute, da ich der Gemeinschaft gegenüberstehe, nehme ich ihn mir in allem zum Vorbild.

Tagebuch

55. Vom Nutzen edler Stoffe

Als Zhenjing dem Kloster Baoming in Jiankang vorstand, sandte der König von Shu ihm einmal reine Seide als Geschenk.

Zhenjing fragte einen Aufwärter: «Was ist das für ein Stoff?»

Der Aufwärter sagte: «Feinster gewebter Seidenstoff.»

Zhenjing sagte: «Was macht man damit?»

Der Aufwärter erwiderte: «Man könnte eine Robe daraus machen.»

Zhenjing deutete auf sein Gewand aus grobem Baumwolltuch und sagte: «Ich trage immer das hier, und die, die sehen, haben nichts dagegen.»

Dann ließ er das Tuch dem Lagerverwalter bringen, damit er es verkaufte und für den Unterhalt der Gemeinschaft nutzte.

Tagebuch Li Shanglaos

56. Königlicher Rat

Zhenjing sagte zum König von Shu:

Setzt in Eurem tagtäglichen Tun unbeirrbar durch, was richtig ist, und gebietet entschieden dem Einhalt, was falsch ist. Ändert Euren Willen nicht aufgrund von Schwierigkeit oder Leichtigkeit. Wenn Ihr über das, was heute schwierig ist, den Kopf schüttelt und ihm nicht die gebührende Beachtung schenkt, wie wollt Ihr dann wissen, ob es eines anderen Tages nicht ebenso schwierig sein wird?

Tagebuch Li Shanglaos

57. Die Gerechten

Meister Zhantang sagte:

Die erleuchtete Tugend haben, gefallen den Menschen wohl; wem erleuchtete Tugend mangelt, der gefällt sich selbst wohl. Die den Menschen wohl gefallen, wachsen; die sich selbst wohl gefallen, vergehen.

Heute richten sich viele von denen, die Führer genannt werden, in ihrem Umgang mit Menschen nach ihren Vorlieben und Abneigungen. Schauen wir aber nach solchen aus, die wissen, was schlecht ist an dem, was sie mögen, und gut an dem, was sie nicht mögen, so sehen wir, daß sie rar sind.

Daher heißt es: «Die den Kummer und das Glück der Menschen teilen, dasselbe Gute und Schlechte erfahren – die sind recht.» Wer würde nicht Zuflucht suchen, wo diese Gerechtigkeit ist?

Laikes Sammlung von Gewächsen

58. Anpassung

Zhantang sagte:

Für alle, die den Weg gehen, hat die richtige Strategie, den Weg zu verbreiten, schon immer vor allem darin bestanden, sich den Verhältnissen anzupassen. Die sich nicht anzupassen verstehen, haften am Buchstaben und klammern sich an Lehren, erstarren in Formen und bleiben im Sumpf der Gefühle und Meinungen stecken – keinem von ihnen gelingt die strategische Anpassung.

Ein Weiser der alten Zeit sagte: «Das verborgene Tal ist ohne Voreingenommenheit – jeden Ruf gibt es als Echo zurück. Die große Glocke, mit dem Klöppel angeschlagen, ertönt jedesmal.»

Darum wissen wir, daß hochentwickelte Menschen, die wissen, wie man vorankommt, dem Üblichen entgegen handeln, um mit dem Weg zu verschmelzen. Da sie nie an irgendeinem bestimmten Ding haften, gelingt es ihnen stets, sich reagierend anzupassen.

Brief an Li Shanglao

59. Gute Freunde suchen

Zhantang sagte:

Wenn du einen guten Freund suchst, so sollte es einer sein, der würdig ist, dein Meister zu sein, den du immer verehren und achten wirst und den du dir zum Vorbild für dein Tun nehmen kannst – dann wird euer Miteinander von Nutzen sein.

Auch einem Meister, der nur ein kleines bißchen besser ist als du, solltest du noch folgen, um aufmerksam zu werden auf das, was du noch nicht erreicht hast. Wenn ein Meister dir jedoch ebenbürtig ist, so wäre es besser, ihn gar nicht erst zum Meister zu haben.

Wahre Aufzeichnung über Baofeng

60. Menschen erkennen

Zhantang sagte:

Eines Menschen Grundeinstellung läßt sich nicht mit Sicherheit und bis in die Tiefe an einer einzigen Antwort oder Frage ablesen. Im allgemeinen, so scheint es, kann man denen, die redegewandt und zungenfertig sind, nicht unbedingt in allen Dingen glauben, während andere, die schwerfällig mit Worten umgehen, unerschöpflich sein können, was das Prinzip angeht.

Du magst den Worten der Menschen auf den Grund gehen und doch nicht zum Grund dessen gelangen, was sie bewegt. Du magst ihre Zunge zum Schweigen bringen, ohne aber ihren Geist bezwungen zu haben.

Die Schwierigkeit, Menschen zu erkennen, das ist es, was die Weisen schmerzt. Und heute gilt das besonders, wo hochbegabte Mönche nicht mehr nach Austausch mit den Herzen anderer Wesen streben. In dem, was sie sehen und hören, suchen sie vor allem nach Fehlern und Schwächen. Sie handeln dem Verlangen der Gemeinschaft entgegen und wenden sich vom Weg ab. Sie führen Menschen in die Irre, von denen sie geachtet werden, und sie betreiben den Sturz jener, in deren Schatten sie stehen. So bringen sie es dahin, daß der Pfad der erleuchteten Lehre, der seit unvordenklicher Zeit besteht, allmählich verfällt und kraftlos wird – fast schon so weit, daß er nicht mehr gerettet werden kann.

Brief an einen Laien

61. Insekten

Zhantang sagte zu Miaoxi:

Im Zeitalter der Nachahmung gibt es viele, die äußerlich die Dinge zwar nachvollziehen, innerlich aber versäumen, ihren Geist zu klären. Auch wenn sie große Werke vollbringen, sind diese doch nicht das Unübertreffliche. Meist liegt es an der niedrigen und gemeinen Gesinnung der Menschen, zu denen sie sich gesellen, daß sie so werden.

Das ist wie bei den Insekten: Wenn sie sich auf einem Ochsen sammeln, fliegen sie nicht weiter als ein paar Schritte; heften sie sich aber an ein schnelles Pferd, so können sie den Wind jagen und der Sonne nachsetzen, einfach aufgrund der Erhabenheit dessen, woran sie sich halten.

Ein Schüler sollte stets sorgsam entscheiden, wo er bleiben möchte, und er sollte sich immer an gute Menschen halten. Dann kann er schließlich Irrtum und vorgefaßte Meinungen abschneiden, sich dem nähern, was ausgewogen und recht ist, und wahre Worte hören.

Tagebuch

62. Adel des Geistes

Zhantang sagte zu Miaoxi:

Wenn Ihr Euch im Chan schult, so müssen Euer Bewußtsein und Denken edel und weitreichend sein, müssen Euer Entschluß und Euer Geist außerordentlich sein.

Brecht das Vertrauen der Menschen nicht im Sprechen und Handeln – folgt keinen unrechten Nützlichkeitserwägungen um der Macht oder des Gewinns willen. Dann werdet Ihr nicht von den Menschen in Eurer Umgebung abhängen, die erhoben oder niedergedrückt werden von den wechselnden Zeiten.

Aufzeichnung des in Baofeng Gehörten

63. Ein aufrichtiger Hang zur Gelehrsamkeit

Zhantang sagte:

Lingyuan las gern die Klassiker und Geschichtswerke. Wenn er einen Klassiker oder ein Geschichtswerk las, so las er so lange, bis er sich alles eingeprägt hatte.

Huitang tadelte ihn deswegen, doch Lingyuan sagte: «Ich habe gehört, daß einer, der viel Mühe aufwendet, allmählich ein weitreichendes Ergebnis zustande bringt.»

Der Minister Huang Luzhi, ein fortgeschrittener Chan-Schüler, sagte: «Lingyuan liebt die Gelehrsamkeit so sehr, wie hungrige und durstige Menschen Speisen und Getränke lieben, und es ist ihm nicht um Ruhm oder Gewinn zu tun. Mir scheint, daß diese aufrichtige Gesinnung ihm ganz natürlich ist, ohne alles Bemühte.»

Laikes Sammlung von Gewächsen

64. Alles zu seiner Zeit

Lingyuan sagte zu Changling Diao:

Im Wirken des Weges hat alles seine eigene Zeit. Vor langer Zeit, als Ciming ein Vagabund war, wurde er von jedem geringschätzig behandelt, der ihn sah, doch er lachte nur. Gefragt, weshalb er lache, sagte er: «Wenn ein Juwel und ein Kiesel aneinanderstoßen, so weiß man, daß der Kiesel nicht gewinnen kann.»

Dann, nachdem er Meister Shending getroffen hatte, verbreitete sein Ruhm sich durch die gesamte buddhistische Welt. Und schließlich verhalf er der darniederliegenden Linji-Schule des Chan-Buddhismus zu neuem Leben.

Der Weg und die Zeit – lassen sie sich gewaltsam vorantreiben?

Eine Schriftrolle

65. Zu spät

Lingyuan sagte zum Astronomen Huang:

In alter Zeit hat einmal jemand gesagt: «Wenn du auf einem Reisighaufen liegst, der unten schon brennt, bist du überzeugt, ganz sicher zu liegen, solange die Flammen dich noch nicht erreicht haben.»

Dies beschreibt das Wechselspiel von Sicherheit und Gefahr, das Prinzip von Leben und Tod, sehr treffend. Es ist so klar wie die Sonne am Himmel, daß hier nicht die geringste Abweichung erlaubt ist.

Die Menschen verharren meist in ihrer gewohnten Lebenslage und denken selten an die Wechselfälle von Leben und Tod. Eines Tages begegnet ihnen etwas, das sie nicht begreifen können, und dann sitzen sie da und schlagen sich an die Brust, aber niemandem wird es dann möglich sein, ihnen zur Hilfe zu kommen.

Eine Hängerolle

66. Zurück zu den Grundlagen

Lingyuan sagte zu Fojian:

Sooft ich einen Brief von Eurem Meister Wuzu erhielt, hat er nie von weltlichen Belangen gesprochen. Er vergißt sich selbst ganz und gar, indem er die Erleuchtung verbreitet und denen Führung und Beistand gibt, die später kommen.

Kürzlich erhielt ich einen Brief, in dem hieß es: «Die Felder sind durch Dürre verwüstet, doch das macht mir keine Sorgen. In diesem Sommer waren über hundert Menschen da, doch keiner erfaßte die Sache mit dem Hund, der kein Buddha-Wesen hat. Das ist etwas, worüber man in Sorge sein könnte.»

Das sind erhabene Worte, nicht wahr? Wenn Ihr ihn mit denen vergleicht, die sich sorgen, daß der Tempel unversorgt sein könnte, die die Mißbilligung der Beamten fürchten, die sich grämen, wenn sie nicht in eine höhere Position kommen, und die befürchten, daß sie nicht viele Nachfolger haben werden – von denen ist er so verschieden wie der Himmel von der Erde.

Aufzeichnung eines Aufwärters

67. Allmähliche Entwicklung

Lingyuan sagte:

Wenn du einen Stein behaust und schlichtest, wirst du ihn beim Schleifen und Glätten nicht abnehmen sehen, und doch wird er mit der Zeit abgetragen. Wenn du einen Baum pflanzt und pflegst, siehst du ihn nicht wachsen, doch mit der Zeit wird er groß.

Wenn du durch fortgesetztes Üben Tugend ansammelst, siehst du das Gute daran nicht gleich, doch mit der Zeit wird es wirksam. Wenn du das Rechte preisgibst und der Wahrheit entgegen handelst, siehst du das Schlechte nicht gleich, doch mit der Zeit wirst du untergehen.

Wenn die Schüler dies endlich bedenken und in die Tat umsetzen wollten, werden sie große Fähigkeiten heranbilden und einen guten Ruf verströmen. Das ist der Weg, der sich nicht ändert, jetzt nicht und niemals.

Eine Schriftrolle

68. Engstirnigkeit und Wohlleben

Lingyuan sagte zu Meister Huigu:

Unheil und Wohlergehen bedingen einander, Glück und Unglück sind in derselben Stadt. Es ist ganz einfach an dem, daß die Menschen sich alles selber zuziehen.

Wie könnte einen das nicht bedenklich stimmen?

Manche sehen nur das, was sie erfreut oder ärgert, und sind engstirnig; oder sie suchen das verschwenderische Wohlleben und sind eines Sinnes mit den Begierden anderer.

Derartiges sollte ein Führer nicht tun – es ist nur ein Verharren im ichhaften Schwelgen, Ursprung alles Bösen und aller Unmäßigkeit.

Eine Schriftrolle

69. Gewinn und Verlust

Lingyuan sagte zu dem konfuzianischen Weisen Cheng Yi:

Unheil kann Wohlergehen erzeugen, Wohlergehen kann Unheil erzeugen. Das ist so, weil man sich in Unglück und Gefahr ernsthaft um Sicherheit kümmert; und wenn man zutiefst bemüht ist, die Ordnung aufzufinden, wird man fähig zu Ernsthaftigkeit und Besonnenheit – daraus wird gutes Geschick geboren, und das ist angemessen.

Wenn Wohlergehen Unheil erzeugt, so deshalb, weil die Menschen in ruhigen Zeiten ihrer Gier und Faulheit leben und gern verächtlich und hochmütig sind – daraus wird Unheil geboren.

Ein Weiser hat gesagt: «Viele Schwierigkeiten haben – das vollendet den Willen; keine Schwierigkeiten haben – das läßt das Sein verkommen.»

Gewinn ist der Rand des Verlusts, Verlust ist das Herz

des Gewinns. Daher kann ein Segen uns nicht immer wieder zuteil werden, man kann nicht immer auf Gewinn hoffen. Wenn Ihr in einer glücklichen Lage und des Unheils eingedenk seid, kann diese glückliche Lage erhalten bleiben; wenn Ihr Gewinn seht und den Verlust bedenkt, wird dieser Gewinn sich gewiß einstellen.

Ein rechter Mensch ist der, der in der Sicherheit die Gefahr nicht vergißt und der in Zeiten der Ordnung nicht die Unordnung vergißt.

Eine Schriftrolle

70. Sich übernehmen

Lingyuan sagte:

Die sich in der Führerschaft übernehmen, bringen selten etwas erfolgreich zu Ende. Ihre Stärken, so scheint es, sind oberflächlich, ihr Maß ist klein, ihr Lernen aus Erfahrung gering. Auch können sie nicht dem Guten folgen und nach Rechtschaffenheit streben und dies nutzen, um ihr Maß zu vergrößern und Verwirklichung zu erlangen.

Tägliche Aufzeichnung

71. Sei vorsichtig

Lingyuan sagte:

Lernende müssen vorsichtig sein mit dem, was sie beginnen und was sie beiseite lassen. Sie können nicht achtlos sein in dem, was sie sagen und tun.

Schweigsame Menschen sind nicht unbedingt dumm, zungenfertige Menschen sind nicht unbedingt klug. Ungeschliffene, einfache Menschen sind nicht unbedingt uneinsichtig und aufsässig; dienstbeflissene und gehorsame Menschen sind nicht unbedingt loyal und treu.

Ein Meister schätzt die Verfassung eines Menschen nicht nach seinen Worten ein und nimmt Schüler nicht aufgrund ihrer Ideen an.

Wer unter den wandernden Mönchen der Welt möchte nicht Erleuchtung suchen? Die aber erleuchtet sind und sehen können, sind selten mehr als einer unter hundert oder gar tausend. Selbst jene, die sich schulen und die eifrig üben, die Wissen ansammeln und Tugend säen, brauchen dreißig Jahre, um es zu erlangen. Wenn ein einziges Ding nicht in Ordnung ist und die Gemeinschaft dich zurückweist, findest du dein Leben lang keinen festen Stand.

Auch Juwelen, die einer Kutsche den Weg leuchten, können nicht makellos sein. Auch ein Edelstein, der viele Städte wert ist, kann nicht ohne Fehler sein. Wie sollten gewöhnliche Wesen mit ihren Gefühlen fehlerlos sein? Sogar Konfuzius, der ein Weiser war, sagte, er habe das *Buch der Wandlungen* fünfzig Jahre lang studiert, bevor er auch nur von groben Irrtümern frei wurde.

Eine alte Schrift sagt: «Fürchte nicht das Aufsteigen von Gedanken; hüte dich nur davor, sie zu langsam zu gewahren.» Wie gut das trifft! Denn wer, seit den alten Weisen, wäre je frei von Irrtum gewesen?

Es kommt darauf an, daß man es wirklich ganz und gar auszubilden versteht – dann ist das Dasein nicht vergeudet. Darum heißt es: «Geschickt ist das Schnitzen dann, wenn es den Rundungen und Winkeln folgt; mag das Werkstück verkrümmt oder ebenmäßig sein, es wird kein Material verschwendet. Gutes Reiten besteht in der rechten Anpassung an Gefährliches und Müheloses; weder langsam noch schnell verlieren da ihre Natur.»

Da Dinge und Tiere so sind, sollten auch die Menschen so sein. Wenn du bei deinem Handeln dem Gefühl des Mögens und Nichtmögens folgst, wenn du die verläßt, die anders sind als du, und dich denen anschließt, die wie du sind, so ist das wie das Anlegen von Bögen ohne Schnur und Reißnadel, wie das Einschätzen von Gewicht ohne Waage. Auch wenn du eine sichere Hand besitzt, kannst du nicht ganz frei von Irrtümern sein.

72. Gute Führer

Lingyuan sagte:

Gute Führer machen den Geist der Gemeinschaft zu ihrem Geist, und niemals lassen sie zu, daß ihr Geist sich in persönlicher Voreingenommenheit ergeht. Sie machen die Augen und Ohren der Gemeinschaft zu ihren Augen und Ohren und lassen ihre Augen und Ohren nie parteilich sein.

So können sie schließlich den Willen der Gemeinschaft erkennen und die Gefühle der Gemeinschaft erfassen.

Wenn sie den Geist der Gemeinschaft zu ihrem eigenen Geist machen, so sind gut und schlecht für sie, was gut und schlecht für die Gemeinschaft sind. Daher ist das Gute nicht fälschlich so, und das Schlechte ist unverkennbar so.

Wozu also bekanntmachen, was in deinem Geist ist, und die Schmeicheleien anderer entgegennehmen?

Wenn du die Ohren und Augen der Gemeinschaft als deine Ohren und Augen benutzt, dann ist die Wahrnehmungskraft der Menschen deine eigene – so klar, daß nichts ungesehen und nichts ungehört bleibt.

Wozu also eigene Ansichten hinzufügen und mit dieser Uneinsichtigkeit die Heuchelei und die Täuschungsversuche anderer auf sich ziehen?

Wenn die wahren Weisen ihrem Herzen und ihren eigenen Anschauungen Ausdruck gaben, so strebten sie danach, ihre eigenen Mängel zu finden, die gleichen Wünsche zu haben wie die Menschen der Gemeinschaft und ohne Voreingenommenheit zu sein.

Daher heißt es, für die weite Verbreitung von Tugend, Menschlichkeit und Gerechtigkeit sei es richtig, so zu sein. Die aber unwissenden und unreinen Geistes sind, suchen nach den Fehlern anderer, weichen in ihren Wünschen von denen der Gemeinschaft ab und leben ihrer Voreingenommenheit. Da kann es gar nicht anders sein, als daß alle Menschen sich ihnen entfremden. Diejenigen, deren schlechter Name und verderbliches Tun weit und breit bekannt sind, müssen auch so sein.

Daher denn werden Führer, die die gleichen Wünsche haben wie ihre Gemeinschaft, als Weise bezeichnet. Wenn ihre Wünsche von denen der Gemeinschaft abweichen, nennt man sie minderwertig.

73. Zwei Winde

Lingyuan sagte:

Die Mönchsältesten der heutigen Zeit erlebt man häufig unklar in ihrem Erkennen, wenn sie vor zwei Bedingungen gestellt sind. Zwei Winde sind es, von denen berührt sie die Substanz der Lehre verlieren.

Eine dieser Bedingungen besteht in widrigen Umständen, aufgrund derer die meisten vom Wind des Verfalls berührt werden. Die zweite Bedingung besteht in günstigen Umständen, aufgrund derer die meisten vom Wind des Gewinns berührt werden.

Wirst du von diesen beiden Winden berührt, so mischen sich der Atem der Freude und der Atem des Verdrusses in deinem Herzen, und dann zeigen sich Niedergeschlagenheit und Verstimmtheit in deinem Gesicht. Das bringt Schande über die Lehre und ist eine Schmähung der Weisen.

Nur die Weisen können Umstände als Mittel der Schulung nutzen und die späteren Generationen in Schönheit führen. Zum Beispiel, als Meister Langya nach Suzhou ging, erhielt er dort Spenden im Wert von über tausend Münzschnüren. Er ließ das Geld heimlich zählen, schickte es dann anonym an Mönche in den Klöstern der Stadt und richtete noch am selben Tag ein Festmahl für die Gemeinschaft aus.

Er selbst traf unterdessen seine Vorbereitungen und brach vor der Morgendämmerung des nächsten Tages auf. Am Morgen merkte die Gemeinschaft, daß er gegangen war. Manche folgten ihm nach Changzhou und bekamen ihn zu Gesicht und kehrten zurück, nachdem sie die Gabe der Lehre erhalten hatten.

Langya zu sehen, das brachte die Leute dazu, Vertrauen zu bilden und die Saat des Weges noch tiefer zu legen. Das nennt man: die Umstände in ein Mittel der Schulung verwandeln. Es ist etwas ganz anderes, als was jene tun, die sich zu ihrem eigenen Vorteil einen religiösen Rang erschleichen.

Ein Brief

74. *Das Sichtbare und das Unbekannte*

Der Laie Fan Wenzhang sagte zum Chan-Meister Langya:

Als ich im letzten Jahr hier war, wollte ich jemanden aus der Chan-Gemeinschaft ausfindig machen, mit dem es sich zu sprechen lohnte. Ich fragte einen Beamten, ob es hier in den Bergen gute Mönche gebe, und er pries zwei Mönche namens Xi und Mao, die in einem Tempel im Norden lebten.

Ich fragte: «Gibt es außer diesen beiden nicht noch andere unter denen, die Meditation und die Gebote üben?»

Der Beamte sagte: «Konfuzianer schätzen das Verhalten der Vornehmen, Mönche sprechen über tugendhaftes Handeln. Was nun diese beiden angeht, Xi und Mao, so haben sie die Schwelle des Tempels seit dreißig Jahren nicht überschritten, tragen nur schlichtes Baumwolltuch und streben nicht danach, berühmt zu werden oder irgend etwas für sich selbst zu gewinnen. Die Leute hier haben Hochachtung vor ihrer Lebensführung und ehren sie als Meister. Ob sie aber zu denen gehören, die wirklich lehren, wie der Buddha es tat – freien Geistes und mit meisterlicher Beredsamkeit, so daß sie wahre Führer genannt werden könnten –, das zu beurteilen liegt nicht in meiner Macht.»

Als ich einmal ein wenig Zeit erübrigen konnte, besuchte ich Xi und Mao und fand ihre Lebensführung so, wie der Beamte gesagt hatte. Ich zog mich zurück und sann darüber nach, daß diese Gegend seit alters für ihre gute Lebensart gepriesen wird. Und wenn ich mir nun diesen alten Beamten betrachte – selbst er konnte wahrhaft hochstehende Menschen von kleinmütigen unterscheiden. Und um wieviel mehr können es jene, die wirklich wissen!

Meister Langya sagte: «Was der Beamte sagte, ist wahrhaft hehr zu nennen – bitte schreibt es nieder zur Erbauung der Unwissenden.»

Gesonderte Aufzeichnung über Langya

75. Außerhalb der Reichweite von Pfeilen

Lingyuan sagte:

Meister Yuan von Zhongshan ließ sich sein Leben lang nicht mit den Edlen ein und griff nie nach Ruhm oder Gewinn. Er trug sich bescheiden und fand sein Vergnügen im Weg.

Als die Edelleute ihn zu drängen begannen, er solle öffentlicher Lehrer werden, sagte Yuan: «Wenn du ein gutes Feld hast, wozu dann dich sorgen, daß es spät reifen wird? Das einzige, was man fürchten muß, ist Mangel an Fähigkeit und Mitteln.»

Einer der Edlen, als er dies hörte, sagte: «Vögel fliegen davon, wenn sie Menschen von unheilkündender Erscheinung sehen, und sammeln sich außerhalb der Reichweite von Pfeilen. So ist es auch mit Meister Yuan.»

Laikes Sammlung von Gewächsen

76. Verpflichtung

Lingyuan sagte:

Ein Meister der alten Zeit hat gesagt: «Mit dem Erforschen des Weges ist es so: Ihn zu verwirklichen ist schwer; ihn zu bewahren, wenn du ihn verwirklicht hast, ist schwer; ihn in die Tat umzusetzen, wenn du ihn bewahren kannst, ist schwer.» Wenn du den Weg ausführen willst, so ist das noch schwerer, als ihn zu verwirklichen und zu bewahren.

Verwirklichen und Bewahren sind im allgemeinen eine Sache des eifrigen Bemühens und der festen Beharrlichkeit, ein Streben, bei dem du ganz auf dich gestellt bist; die Umsetzung aber erfordert einen gelassenen Geist und die lebenslange Verpflichtung, dich selbst zu verlieren und anderen zu helfen.

Wenn der Geist nicht gleichmütig und die Verpflichtung nicht fest ist, wird alles Gewonnene sich rückwärts wenden, und du wirst zu einem gewöhnlichen weltlich gesinnten Priester herunterkommen. Das ist etwas, wovor man sich hüten muß.

77. Ein unnachahmlicher Meister

Lingyuan sagte:

Wuzu Fayan war von Natur aus unvergleichlich. Er war besonnen und maßvoll im Sprechen und Schweigen, und wann immer er etwas sagte, waren seine Worte von natürlicher Überzeugungskraft. Wenn andere ihn nachzuahmen versuchten, geriet es ihnen entweder abwegig und vulgär oder zügellos und grob. Keiner konnte es ihm gleichtun. Einen wie ihn findet man nicht einmal unter den Alten.

Dennoch führte er die Menschen mit noch größerer Demut als der eines hungrigen und durstigen Mannes. Er sagte einmal: «Ich habe keine Lehre – wie soll ich da Schülern Mut machen? Ich bin der eigentliche Spitzbube in dieser Schule.»

78. Selbsterforschung

Lingyuan war in der Erforschung des Weges und der Anwendung seiner Prinzipien rein und aufrichtig, reich an Tugend. Er hatte die Art der Alten an sich. Er war friedfertig und ernsthaft und sprach wenig. Er war bei Gelehrten und Edelleuten hochgeehrt und geachtet. Er sagte einmal:

«Was die Leute auf die leichte Schulter nehmen und achtlos behandeln, damit sind die Weisen sehr achtsam. Insbesondere ist es unmöglich, Führer einer Gemeinschaft zu sein und das Werden der Erleuchtung zu fördern, wenn das eigene Handeln und Begreifen nicht im Einklang ist.

Fortgesetzte Selbsterforschung und Selbstkritik, Gedanken an Ruhm und Gewinn nicht aufkeimen zu lassen im Geist – darauf kommt es vor allem an.

Wenn es in den Anweisungen der Lehren etwas gibt, woran nicht geglaubt wird und dem die Schüler nicht gehorchen mögen, so ziehe man sich zurück, um sich zu besinnen und die Tugend weiter auszubilden, abwartend, bis ein Weg sich zeigt.

Ich habe nie einen persönlich Aufrechten gesehen, dessen Gemeinschaft nicht der Ordnung entsprach. Darin offenbart sich die Bedeutung des Wortes: ‹In das Antlitz eines tugendhaften Menschen zu schauen klärt den Geist der Menschen.›»

Aufzeichnung gehörter Dinge

79. Ansammlung und Entwicklung

Lingyuan sagte zu Yuanwu:

Wenn Chan-Schüler, die wohl die Kraft haben, den Weg zu sehen, aber nicht in der Lage sind, ihn anzusammeln und tief und reich zu entfalten, ihr Wirken aufnehmen, so werden sie darin unweigerlich scharf und ungestüm sein. Das wird nicht nur der Lehre nicht dienen, sondern, so fürchte ich, auch Schwierigkeiten und Ungnade nach sich ziehen.

80. Lauterkeit und Wahrhaftigkeit

Chan-Meister Yuanwu sagte:

Das Ergründen des Weges geschieht in Wahrhaftigkeit, die Bildung von Wahrhaftigkeit geschieht in Lauterkeit. Erst wenn Ihr die innere Lauterkeit wahren könnt, seid Ihr fähig, die Menschen aus der Verwirrung zu befreien; indem Ihr die Wahrhaftigkeit in Euch selbst wahrt, könnt Ihr die Menschen lehren, ihre Verblendung abzulegen. Nur Wahrhaftigkeit und Lauterkeit helfen ohne Rückschläge.

Wenn die Lauterkeit nicht ganz ist, kann der Geist nicht behütet werden und kann man ihm nicht trauen. Wenn die Wahrhaftigkeit nicht ganz ist, können die Worte nicht ins Werk gesetzt werden. Einer der Alten sagte: «Nahrung und Kleidung mögen dahingehen, doch die Wahrheit darf nicht verlorengehen.»

Ein Führer also sollte die Menschen mit Lauterkeit und Wahrhaftigkeit lehren. Wessen Herz nicht lauter und wessen Tun nicht wahrhaftig ist, wie kann der ein Führer genannt werden?

Im *Buch der Wandlungen* heißt es: «Nur wenn höchste Lauterkeit in der Welt herrscht, kann die Natur Erfüllung finden.» Die Natur zu erfüllen, das heißt fähig zu sein, die menschliche Natur zu erfüllen. Wenn man sich selbst nicht erfüllen kann, das aber von anderen erwartet, so werden sie gewiß zu Täuschungen Zuflucht nehmen und sich verweigern. Wenn man nicht vorher lauter ist, aber nachher von Lauterkeit spricht, so werden die Menschen gewiß zweifeln und nicht vertrauen. Das ist der Sinn des Sprichwortes: «Wenn du das Haar schneidest, so rasiere es bis auf die Haut; wenn du Nägel schneidest, so schneide sie bis ans Fleisch.»

Wahrlich, wenn die Lauterkeit nicht ganz ist, so werden die Menschen nicht von ihr bewegt. Wo kein Abnehmen ist, da ist auch kein Zunehmen. Alles in allem ist ganz klar, daß man Lauterkeit und Wahrhaftigkeit nicht einen Augenblick hintanstellen darf.

Brief an den Revisor Wu

81. Fehler beheben

Yuanwu sagte:

Wer hat keine Fehler? Fehler machen und doch fähig sein, sie gutzumachen, das ist das beste. Seit unvordenklichen Zeiten rühmen alle die Fähigkeit, Fehler zu beheben, als weise. anstatt Fehlerlosigkeit als etwas Schönes zu betrachten. Menschliches Handeln hat viele Mängel und Fehler – das können weder die Weisen noch die Dummen vermeiden; aber nur die Weisen können ihre Fehler beheben und sich zum Guten verändern, während die Dummen meist ihre Fehler bemänteln und ihr Unrecht verheimlichen.

Wenn man sich zum Guten wandelt, ist die Tugend jeden Tag neu. Das ist das Kennzeichen dessen, den man einen Wahren Menschen nennt. Wenn man seine Fehler bemäntelt, zeigt sich das Schlechte immer deutlicher. Das ist das Kennzeichen dessen, den man einen gewöhnlichen Menschen nennt.

So kommt es, daß man es vom Standpunkt des gewöhnlichen Empfindens her für schwierig hält, das Rechte zu befolgen, wenn man davon hört. Bereitwillig dem Guten zu folgen, wenn man es sieht, das ist es, was die Weisen und Tugendhaften schätzen.

Ich hoffe, Ihr stoßt Euch nicht am äußeren Ausdruck der Worte.

Brief an den Revisor Wu

82. Der Phönix und der Wolf

Yuanwu sagte:

Mein verstorbener Lehrer sagte, unter denen, die als Mönchsälteste dienen, gebe es solche, die die Menschen durch erleuchtete Tugend bewegen, und solche, die den Menschen durch die Macht der Autorität Gehorsam abnötigen. Es ist wie mit dem Phönix im Fluge: allen Tieren gefällt es; oder wie mit dem Anschleichen von Tiger und Wolf: alle Tiere fürchten es. Was nun das Bewegtsein und das Gehorsamsein angeht, die sind eins; aber die Arten sind so verschieden voneinander wie der Himmel von der Erde.

Laikes Sammlung von Gewächsen

83. Menschen gewinnen

Yuanwu sagte zum Bibliothekar Long:

Wenn Ihr einer Gemeinschaft eine Ordnung geben wollt, aber Euch nicht bemüht, die Herzen der Menschen zu gewinnen, so kann die Gemeinschaft nicht geordnet werden. Wenn Ihr Euch bemüht, die Herzen der Menschen zu gewinnen, aber nicht dafür sorgt, daß Ihr mit den Menschen in den niederen Rängen in Berührung kommt, so können die Herzen nicht gewonnen werden. Wenn Ihr mit denen in den niederen Rängen in Berührung zu kommen versucht, aber die Guten nicht von den Schlechten unterscheidet, so könnt Ihr mit den Unteren nicht in Berührung kommen.

Im Unterscheiden von guten und schlechen Menschen – wenn es Euch da mißfällt, wenn sie sagen, Ihr habet unrecht, und wenn es Euch gefällt, wenn sie Euch folgen, so können gut und schlecht nicht unterschieden werden.

Nur die weisen Adepten nehmen keinen Anstoß, wenn sie hören, wo sie sich irren, und suchen keine Genugtuung darin, daß andere ihnen folgen. Nur dem Weg ist zu folgen – so gewinnt man die Herzen der Menschen, und so wird eine Gemeinschaft geordnet.

Umfangreiche Aufzeichnung

84. Der Geist der Gemeinschaft

Yuanwu sagte:

Führer machen das Wissen der Gemeinschaft zu ihrem Wissen, sie machen den Geist der Gemeinschaft zu ihrem Geist. Sie hüten sich stets davor, die Gefühle auch nur eines Menschen nicht zu erfassen, das Prinzip auch nur eines Dinges nicht zu erkennen.

Führer sollten nur das suchen, was gut ist, und eifrig danach streben, Rat zu suchen und zu geben. Sie sollten grundsätzlich nach richtig und falsch fragen, ganz gleich, ob es sich um große oder kleine Dinge handelt. Wenn das Grundlegende richtig ist, was schadet es dann, wenn es viel Aufwand erfordert, es auszuführen? Wenn das Ding falsch ist, was geht dann verloren, wenn man sich seiner entledigt?

Das Kleine ist ein Schritt des Großen, das kaum Erkennbare der Keim des sichtbar Werdenden. Daher haben die Weisen acht auf die Anfänge und beachten die Warnungen. Selbst tröpfelndes Wasser, wenn man ihm nicht Einhalt tut, kann schließlich einen Maulbeerhain in einen See verwandeln. Eine Flamme, wenn man sie nicht löscht, wird schließlich die Wiese abbrennen.

Wenn das Wasser strömt und das Feuer wütet, geschieht das Unheil bereits – man mag noch eingreifen wollen, doch es geht nicht mehr. Von alters her heißt es: «Wenn du auf die kleinen Handlungen nicht achtgibst, werden sie am Ende der großen Tugend im Wege stehen.» Das ist es, was hier gemeint ist.

Brief an Fozhi

85. Führerschaft und Stolz

Yuanwu sagte zu Yuan Budai:

Wenn Ihr als Führer wirkt und Euch für die Verbreitung der buddhistischen Lehre einsetzt, denkt stets daran, Hilfe zu geben und Heil zu spenden und dies ohne Stolz zu tun. Dann werden derer viele sein, die erreicht und gerettet werden.

Wenn Ihr aber stolz auf Euch selbst seid und dazu neigt, Eure Fähigkeiten zur Schau zu tragen, so steigen ehrgeizige Gedanken auf, und das führt zu einem unreinen Geist.

Steingravierung in Shuanglin

86. Anfang und Ende

Yuanwu sagte zu Miaoxi:

In allem, was Ihr tut, solltet Ihr sorgfältig auf das Ende und den Anfang achten. Was man gut ausführt, gelingt am Ende, und was gut anfängt, endet gut. Wenn Ihr das Ende so wichtig nehmt wie den Anfang, so wird es keinen Fehlschlag geben.

Wie auch das alte Sprichwort sagt: «Wie schade, daß aus dem halbfertigen Gewand ein Hemd wird. Eine hundert Meilen weite Reise ist auch bei neunzig Meilen erst halb bewältigt.» Hier wird eben dies beklagt – einen Anfang, aber kein Ende zu haben. Darum heißt es: «Etwas anfangen kann jeder, aber wenige bringen es auch zu Ende.»

Mein spiritueller Onkel, Huitang, sagte weiland einmal: «Meister Huangbo Sheng war fürwahr ein außergewöhnlicher Mönch, doch später in seinem Leben ging er in die Irre. Wie er war, als er begann, hätte man ihn da nicht weise nennen können?»

Sammlung der Yunmen-Einsiedelei

87. Vorbilder

Yuanwu sagte zu Fojian:

Unser spiritueller Großvater, Baiyun, dachte in allem, was er tat, immer zuerst an die Alten. Er sagte einmal: «Wenn es für eine Sache kein Gegenstück aus alter Zeit gibt, nennt man sie ungesetzlich. Wenn man vertraut ist mit vielen Aussprüchen und Taten der Weisen aus alter Zeit, kann man vollbringen, was man im Sinn hat.»

Das hat jedoch nichts mit einer besonderen Vorliebe für die alte Zeit zu tun – es ist nur einfach so, daß die Menschen von heute als Vorbilder nicht ausreichen. Mein verstorbener Meister pflegte zu sagen, sein Meister habe am Alten festgehalten und den Wandel der Zeiten nicht erkannt, doch der alte Meister sagte: «Das Alte und Bleibende zu verändern ist das ganze Unglück der heutigen Menschen, und ich werde es niemals tun.»

Meister Chans Tagebuch

88. Ernennung

Als Meister Fojian das Kloster Taiping verließ, um das Kloster Zhihai zu übernehmen, fragte ihn der Präfekt Ceng Yuanli, wer ihm in der Leitung von Taiping nachfolgen könne.

Fojian nannte Ping, den Leiter der Mönchsversammlung. Der Präfekt wünschte ihn zu sehen, doch Fojian sagte: «Ping ist ein starker und aufrechter Mann, von allen weltlichen Belangen abgekehrt und frei von Wünschen; ich fürchte, auch wenn Ihr ihn auffordert, Abt zu werden, wird er nicht folgen. Wie könnte er einverstanden sein, von sich aus zu kommen?»

Der Präfekt bestand darauf, Ping rufen zu lassen, doch dieser sagte: «Dann würde ich ja durch eigenes Betreiben Führer werden», und machte sich schließlich auf und davon zum Berge Sikong. Der Präfekt sagte zu Fojian: «Niemand kennt einen Sohn so gut wie der Vater.»

Der Präfekt wies alle größeren öffentlichen Klöster an, auf der Ernennung Pings zum Leiter der Taiping-Gemeinschaft zu beharren, und so konnte jener schließlich nicht mehr ausweichen und fügte sich.

Tagebuch des Aufwärters Zhan

89. Die besten Menschen

Fojian sagte zu Shun Fodeng:

Die vortrefflichsten Menschen sehen in Ruhm und Glück keine erstrebenswerten Güter, und jene, die die Wahrheit erlangt haben, sind durch Unterdrückung und Verfolgung nicht zu erschüttern.

Sich anzustrengen, wenn man sich dadurch eine Gunst erhoffen kann, oder seine Dienste anzubieten, wenn man sich Gewinn daraus verspricht, das ist das Verhalten gewöhnlicher und tieferstehender Menschen.

Tagebuch

90. Der Geist und sein Umfeld

Fojian sagte zum Versammlungsleiter Ping:

Ein jeder, der Mönchsältester genannt wird, sollte von allem Begehren frei sein, denn sobald man etwas begehrt, wird man von den äußeren Dingen ausgeraubt. Wenn Ihr Euch Vorlieben und Abneigungen hingebt, so erhebt sich daraus ein gieriger Geist. Wenn Ihr es liebt, Gaben zu bekommen, so erheben sich Gedanken des Trachtens und Streitens. Wenn Ihr gern gehorsame Anhänger habt, so werden kleinmütige Schmeichler sich Euch anschließen. Wenn Ihr gern Siege davontragt, so entsteht eine gewaltige Kluft zwischen Euch und anderen. Wenn Ihr Menschen gern ausnutzt, so werden Stimmen des Grolls laut.

Geht Ihr diesem allem auf den Grund, so ist es nicht verschieden vom Einen Geist. Wird der Geist nicht aufgerührt, so verschwinden die Myriaden Dinge ganz von selbst. Nichts von dem, was ich in meinem Leben verwirklicht habe, geht darüber hinaus. Müht Euch eifrig und setzt künftigen Schülern ein Beispiel.

Steingravierung in Nanning

91. Genügsamkeit

Fojian sagte:

Mein verstorbener Meister Wuzu war genügsam; er hatte ein Eßschalenfutteral und einen Schuhbeutel, beide hundertmal genäht, tausendmal geflickt, doch er litt es nicht, sie abzulegen.

Er sagte einst: «Diese beiden Dinge begleiteten mich, als ich vor kaum fünfzig Jahren mein Dorf verließ – wie könnte ich sie wegwerfen auf halbem Wege?»

Ein älterer Mönch sandte ihm ein Gewand aus grobem Tuch, das er, wie er sagte, von Übersee erhalten hatte und das im Winter warm, im Sommer kühl sein sollte. Mein verstorbener Meister sagte: «Wenn es kalt ist, habe ich Feuerholz für wärmende Glut und Papier zum Zudecken. Wenn es heiß ist, geht der Wind durch die Kiefern, und es gibt Wasser und Stein. Wozu soll ich dieses Gewand behalten?» Und so nahm er es nicht an.

Tagebuch

92. *Tief und seicht*

Fojian sagte:

Mein verstorbener Meister Wuzu sagte, sein Meister, Baiyun, sei stets offen und klar gewesen, ohne abweisendes Äußeres. Wann immer er etwas sah, das getan werden mußte, sprang er auf und ging voran. Er förderte gern die Klugen und Fähigen; die aber mochte er nicht, die sich aus eigennützigen Gründen anderen anschlossen und sie verließen. Er saß den ganzen Tag aufrecht auf einem einzigen Stuhl, durch nichts behindert.

Einmal sagte er zu einem Aufwärter: «Den Weg zu wahren, gelassen in der Armut zu weilen, das vor allem ist das Los derer, die das Flickengewand tragen. Die in dieser Verpflichtung schwanken aufgrund von Verarmung oder Erfolg, Gewinn oder Verlust, sind es einfach nicht wert, daß man über den Weg zu ihnen spricht.»

Tagebuch

93. Dauerhafter Friede

Fojian sagte:

Wenn du dich nicht um den Weg bemühst, kannst du deinen Geist nicht lange stetig halten; wenn du es dir stets bequem machst, wird deine Entschlossenheit beim Handeln nicht groß sein. Die Alten erlebten Schwierigkeit und Not, begegneten Gefahren und Hindernissen, und erst danach erlangten sie dauerhaften Frieden.

Es scheint, daß die Schwierigkeit einer Aufgabe den Willen scharf macht, daß Not das Denken tief macht. Schließlich kann man dann Unheil in gutes Geschick verwandeln, die Dinge in den Weg verwandeln.

Ich habe viele Schüler gesehen, die den Dingen nachgehen und den Weg vergessen, die sich vom Licht abkehren und sich ins Dunkel stürzen. Und dabei verkleiden sie ihre Unfähigkeiten und halten Menschen zum Narren, die sich für weise halten. Sie heben die Mängel anderer hervor, um sie geringschätzen und sich selbst als über ihnen stehend betrachten zu können. So täuschen sie die Menschen, aber wissen nicht, daß es erleuchtete Vorgänger gibt, die man nicht täuschen kann. So blenden sie die Menschen, aber wissen nicht, daß es einen Wirklichkeitssinn gibt, der nicht verdunkelt werden kann.

Daher werden die, welche sich für Weise halten, von anderen für Narren gehalten; die sich selbst erhöhen, werden von anderen erniedrigt.

Nur Weise sind nicht so. Und so heißt es auch: «Die Dinge sind vielfältig und unerschöpflich; Fähigkeit ist begrenzt und hat ein Ende.» Wenn du Grenzenloses mit begrenzter Erkenntnis erfassen möchtest, wird in deiner Wahrnehmung Voreingenommenheit sein, wird dein Geist einen Erschöpfungspunkt haben, wird dir etwas mangeln, was den Großen Weg angeht.

Ein Brief

94. Lebensführung

Fojian sagte:

Zu schätzen ist an einem spirituellen Führer, wenn er seine Lebensführung rein erhält und den großen Glauben wahrt und darin mit den Menschen umgeht, die kommen, um zu lernen. Wenn aber irgend etwas Grobes und Unedles an einem selbst noch nicht behoben ist, so werden kleine Geister es irgendwann ausspähen, und dann werden die Schüler zweifeln und mißtrauen, mag man auch erleuchtete Tugenden haben, die denen der Alten vergleichbar sind.

Informelle Rede Shantangs

95. Die Art der Alten

Fojian sagte:

Unter Foyans Schülern ist nur Gaoan überragend, weit jenseits der Verfassung gewöhnlicher Menschen. Er gibt keiner Vorliebe nach, er tut die Dinge ohne Voreingenommenheit. Er ist rein und würdig, achtungsvoll und zurückhaltend. Von Anfang bis Ende steht er selbständig da, in Ehrenhaftigkeit und Sittlichkeit. Er ist von der Art der Alten. Unter den Bettelmönchen der neueren Zeit sind kaum welche, die ihm vergleichbar wären.

Ein Brief

96. Bedachtes Handeln

Meister Foyan Yuan sagte:

Das Auftreten gegenüber der Gemeinschaft sollte besonnen sein, auch in der Mußezeit; die Worte, die man an Gäste richtet, sollten würdevoll sein, auch wenn man zu Bekannten spricht.

Wenn Leute in der Chan-Gemeinschaft sprechen oder handeln, sollten sie, was auch immer sie sagen oder tun, zuerst urteilen und sich besinnen und dann danach handeln, nicht hastig oder unausgegoren.

Wenn du für dich allein nicht vorher zu einer Entscheidung kommen kannst, so befrage Ältere und Erfahrene darüber. Frag frei heraus die Weisen der älteren Generation, um dein Wissen zu erweitern und deine Mängel zu beheben, um Licht auf das zu werfen, was dir noch nicht aufgegangen ist.

Wie könntest du eitel dir Autorität anmaßen, in Selbstüberschätzung schwelgen und so deine Häßlichkeit zur Schau stellen? Wenn du anfänglich falsch handelst, können selbst hundert gute Dinge das am Ende nicht mehr verdecken.

Ein Brief

97. Kultur

Foyan sagte:

Menschen werden zwischen Himmel und Erde geboren, empfangen die polaren Kräfte, die sie formen. Wenn sie nicht in Übereinstimmung mit der Wirklichkeit in der Welt auftreten, getragen von der Kraft des Erbarmens-Gelübdes, ist ihr Verlangen nach Gewinn unmöglich schnell auszuräumen.

Selbst die Weisen wissen, daß sie das Verlangen der Menschen nach Gewinn nicht beseitigen können, also läutern sie zuerst ihren Geist durch Sittlichkeit; dann zivilisieren sie die Menschen durch Menschlichkeit, Gerechtigkeit, Kultur und Erkenntnis, um sie dagegen zu wappnen. Eine Zeitlang sorgen sie dafür, daß das Verlangen der Menschen nach Gewinn nicht ihre Menschlichkeit, Gerechtigkeit, Kultur und Erkenntnis verdrängt, und so vervollkommnen sie ihre Sittlichkeit.

Ein Brief

98. Regeln

Foyan sagte zu Gaoan:

Die ursprünglichen Regeln für Chan-Gemeinschaften wurden in der Absicht aufgestellt zu zeigen, was richtig ist, zu zügeln, was falsch ist, ein Vorbild zu geben und die Gemeinschaft auszugleichen, um so auch den Gefühlen späterer Generationen Richtlinien zu geben, je nach den Zeitumständen.

Menschliche Gefühle sind wie Wasser, Richtlinien

und Verhaltensanweisungen sind wie ein Damm. Wenn der Damm nicht stark ist, wird das Wasser durchbrechen. Wo menschliche Gefühle nicht beherrscht werden, sind sie zügellos und wild. Um also die Gefühle in die Schranken zu weisen und der Verblendung ein Ende zu setzen, um Böses zu verhindern und dem Unrecht Einhalt zu gebieten, dürfen wir die Regeln nicht einen Augenblick vergessen.

Aber sollen Regeln und Verhaltensanweisungen die menschlichen Gefühle ganz und gar unterbinden? Auch sie sind Schritte, die den Eintritt in den Weg fördern. Das Einsetzen von Regeln ist so klar wie Sonne und Mond – wer sie anschaut, verirrt sich nicht; es ist breit wie die Überlandstraße – wer darauf wandert, gerät nicht in Verwirrung. Die Einsetzung durch die Weisen der alten Zeit war anders, gehst du jedoch zum Ursprung zurück, so siehst du, daß da kein Unterschied ist.

Unter den Chan-Gemeinschaften der neueren Zeit gibt es solche, die sehr strikt die Regeln anwenden, solche, die bis in den Tod an den Regeln festhalten, und solche, die die Regeln geringschätzen – sie alle haben sich vom Weg abgewendet und das Prinzip verloren. Was zu all dem führt, ist das Schwelgen in Gefühlen und das Verfolgen dessen, was falsch ist. Sie denken nie an die alten Weisen, die das letzte Zeitalter vor seiner Entartung bewahrten, indem sie nachlässige und ungezügelte Geisteszustände verhinderten, Begierden von Anfang an unterbanden und den Pfad von Irrtum und Voreingenommenheit abschnitten – das war der Grund für ihre Einsetzung der Regeln.

Ostsee-Annalen

99. Leere Sprüche

Foyan sagte:

Schüler sollten sich nicht in den Sumpf der Worte und Sprüche verirren. Die Worte und Sprüche anderer herzunehmen, um deine eigene Sicht zu formulieren, das versperrt die Tür deiner eigenen Erleuchtung, und du gelangst nicht über die Wortsymbole hinaus.

In der alten Zeit, als Da Guanpi zur persönlichen Unterweisung bei Meister Shimen Cong war, ließ er anfangs seiner Beredsamkeit freien Lauf, doch Shimen sagte zu ihm: «Du sprichst papierene Worte; du hast noch keinen Einblick in die wesenhaft reine Unergründlichkeit deines Geistes gewonnen. Du solltest unaussprechliche Erleuchtung suchen; wenn du erleuchtet bist, stehst du unbehindert da, du reitest nicht auf Worten und klebst nicht an Ausdrücken, du bist wie ein brüllender Löwe, so daß alle Tiere furchtsam zittern. Wenn du dann zurückschaust auf das Lernen durch Worte, so ist es wie zehn im Vergleich zu hundert, wie tausend im Vergleich zu zehntausend.»

Aufzeichnung der in Longmen gehörten Dinge

100. Sieh dich selbst

Foyan sagte zu Gaoan:

Einer, der die Spitze eines Flaumhaares sehen kann, kann seine eigene Braue nicht sehen; einer, der dreißigtausend Pfund heben kann, kann seinen eigenen Körper nicht heben. Das ist wie mit dem Schüler, der sehr gewitzt ist, wenn es um die Kritik an anderen geht, aber unwissend, wenn es um Selbsterkenntnis geht.

Sammlung vom wahren Hirten

101. Einen Meister erkennen

Meister Gaoan sagte:

Als ich Meister Fojian das erstemal sah, hörte ich ihn bei einem zwanglosen Treffen folgendermaßen sprechen:

«Gier und Haß sind schlimmer als Räuber – stell dich ihnen mit Weisheit entgegen. Weisheit ist wie Wasser – unbenutzt, stagniert sie; stagnierend, ist sie nicht im Umlauf; nicht im Umlauf, wirkt sie nicht. Was könnte Weisheit dann an Gier und Haß ändern?»

Obgleich ich da noch jung war, wußte ich im Herzen, daß er ein wahrer Meister war, und so bat ich schließlich um die Erlaubnis, dort zu bleiben.

Wahre Aufzeichnung über Yunju

102. Ausgewogenheit

Gaoan sagte:

Was Schüler stets im Sinn haben sollten, sind Ausgewogenheit und Wahrhaftigkeit. Mögen sie dann auch auf hunderterlei Weise behindert werden, so bleiben sie doch heiter und gleichmütig.

Geben sie jedoch irgendeinem Hang oder einer Voreingenommenheit nach und verbringen ihre Tage und

Nächte in eigennützigem Streben, nur Gewinn im Sinn, so werden, fürchte ich, ihre ungeheuren Körper nicht mehr zwischen Himmel und Erde passen.

Sammlung vom Wahren Hirten

103. Gewohnheit

Gaoan sagte:

Tugend, Menschlichkeit und Rechtschaffenheit gehören nicht allein den Alten; auch heutige Menschen haben sie, doch weil ihr Erkennen nicht klar und ihr Bestreben nicht umfassend ist, weil ihre Fähigkeiten nicht rein sind und ihr Wille schwach ist, können sie sie nicht mit Nachdruck ins Werk setzen, und so werden sie schließlich abgelenkt durch das, was sie sehen und hören, und sind deshalb ihrer Verfassung nicht gewahr. All das ist auf verblendete Vorstellungen und emotionales Denken zurückzuführen, woraus tiefe Ansammlungen von Gewohnheiten entstehen, die nicht auf einen Schlag ausgeräumt werden können. Dies ist der einzige Grund, weshalb die Menschen von heute nicht mehr den Rang der Alten erreichen.

Ein Brief

104. Die Folgen des Wohllebens

Als Gaoan erfuhr, daß in Jinshan Wohlleben herrschte, während Cheng Gumu dort Führer war, beklagte er dies zutiefst und sagte: «Die Richtschnur der Mönche stellt strenges Maßhalten ganz obenan – wie könnte es richtig sein, so zu handeln? Wie könnte jemand, der ohne Grund ausschweifende Gewohnheiten auf spätere Generationen überträgt und damit unstillbares Verlangen mehrt, sich nicht schämen vor den Alten?»

Sammlung vom Wahren Hirten

105. Der Zustand der Gemeinschaft

Gaoan sagte:

Der große Körper des Führers hat die Gemeinschaft als sein Haus: Unterscheidungen werden in angemessener Weise getroffen, Ausgaben sind dem Gefäß angemessen, Handeln hält sich an das Prinzip von Frieden und Wohlergehen, Gewinn und Verlust sind auf den Ursprung der Lehre bezogen. Wie könnte es leicht sein, den Menschen ein Vorbild zu sein?

Ich habe nie erlebt, daß ein nachlässiger und bequemer Meister den Gehorsam der Mönche gewann oder daß einer, dessen Regeln mißachtet wurden, versucht hätte, die Chan-Gemeinschaften davor zu bewahren, daß sie barbarisch und verachtenswert wurden.

In der alten Zeit schickte Meister Yuwang Shen seinen Hauptschüler fort, und Meister Yangshan Wei jagte seinen Aufwärter davon. Diese Fälle sind in unseren Klassikern verzeichnet, und sie sind es wert, als Richtschnur genommen zu werden. Heutzutage folgt jeder seinem persönlichen Verlangen und richtet damit die ursprünglichen Regeln für Chan-Gemeinschaften weitgehend zugrunde.

Die Menschen sind heute träge beim Aufstehen,

und viele wissen sich bei der Zusammenkunft nicht zu benehmen. Manche geben sich schamlos ihrem Verlangen nach Speisen hin, manche streben nach Gefolgschaft und Ruhm und führen so Streit herbei.

Jetzt sind wir so weit, daß es keinen Ort mehr gibt, der noch frei wäre von der Häßlichkeit des Opportunismus. Wie sollen wir das jemals finden, was wir suchen – ein Aufblühen der Wege zur Wahrheit und die volle Kraftentfaltung der spirituellen Lehre?

Longshan-Sammlung

106. Zurechtweisung

Dies wird erzählt: Sooft Gaoan, als er Führer der Gemeinschaft in Yunju war, einen Schüler sah, der seine Anstöße bei der persönlichen Unterweisung nicht begriff, nahm er ihn sich vor und wies ihn sehr ernsthaft zurecht. Er sagte: «Deine Eltern haben dich ernährt, deine Lehrer und Gefährten haben deinen Geist geformt. Weder Hunger noch Kälte bedrängen dich, und du brauchst nicht die Mühsal von Feldzügen auf dich zu nehmen. Wenn du dich unter solchen Voraussetzungen nicht aufrichtig mühst, den Weg zu verwirklichen, wie willst du dann vor deine Eltern, Lehrer und Gefährten hintreten?»

Es gab Schüler, die ob dieser Worte des erleuchteten Meisters weinten. So korrekt und streng war seine Art der Führung.

Anekdoten von Qiean

107. Der Einfluß der persönlichen Haltung

Wenn in der Zeit, als Gaoan Führer der Gemeinschaft von Yunju war, einer der Schüler krank wurde und in die Lebensverlängerungshalle gebracht werden mußte, so wurde der Meister traurig und klagte, als wäre er selbst es, der krank war. Morgens und abends fragte er nach dem Befinden, wärmte selbst die Medizin der Kranken und kochte ihnen Brei und gab ihnen nur das, was er selbst probiert hatte. Wenn es kalt war, rieb er ihnen den Rücken und sagte: «Hast du auch genug an?» Wenn es sehr warm war, schaute er ihnen ins Gesicht und fragte, ob ihnen auch nicht zu heiß sei.

War jemand so krank, daß er nicht gerettet werden konnte, so fragte Gaoan nicht, was jener besaß oder nicht besaß, sondern bestritt alle Begräbnisriten von dem, was das Schatzhaus gerade bot.

Einst weigerte einer der Amtsträger des Klosters sich, einer solchen Ausgabe zuzustimmen, aber Gaoan wies ihn zurecht mit den Worten: «In der alten Zeit haben die Begründer der Chan-Gemeinschaft das Schatzhaus um der Alten und Gebrechlichen willen eingerichtet. Du bist nicht krank und nicht tot.»

Alle klarsichtigen Menschen nah und fern besaßen große Hochachtung vor Gaoans Haltung. Als er sich aus Yunju zurückzog und den Berg Tiantai aufsuchte, folgten ihm ungefähr fünfzig Schüler. Die nicht mitgehen konnten, weinten, als sie sich von ihm verabschiedeten. So sehr bewegte seine Tugend die Menschen.

Informelle Rede Shantangs

108. Ruhestand

Als Gaoan die Führung des Klosters Yunju abgab, wollte Meister Yuanwu die von Foyan erbaute Ruhender-Drache-Einsiedelei für Gaoan als Ruhesitz instand setzen lassen.

Gaoan sagte: «Wenn ein Mann der Wälder die Köstlichkeiten der Wahrheit hat, braucht der Körper nicht beachtet zu werden. Ich bin siebzig Jahre alt und bin jetzt wie der Morgenstern, wie der Mond in der Morgendämmerung – wieviel Zeit könnte ich noch haben? Die Lu-Berge des Westgebirges, wo Bergwälder und Felsquellen beieinanderliegen – das sind die richtigen Rückzugsorte für mein Alter. Wozu soll ich unbedingt meinen eigenen Platz haben, um mich des Ruhestands erfreuen zu können.»

Nicht lange, und er nahm seinen Stab und wanderte zum heiligen Berg Tiantai, wo er später auf dem Blütengipfel starb.

Sammlung vom Wahren Hirten

109. Schulung

Gaoan sagte:

Es gibt keine klugen oder dummen Schüler – es kommt nur darauf an, daß der Meister sie läutert, um tugendhaftes Handeln in ihnen entstehen zu lassen, daß er sie prüft, um ihre Anlagen zu entdecken, wirksam zu machen und zu fördern, daß er ihren Worten Gewicht beimißt und sich ihrer annimmt, um ihre Übung vollständig zu machen. Im Laufe langer Monate und Jahre werden der Name und die Wirklichkeit Fülle gewinnen.

Alle Menschen haben den Geist, es kommt nur auf umsichtige Führung an. Das ist wie mit Jade im Muttergestein – wirfst du sie weg, so ist es nur ein Stein; schneidest und schleifst du sie aber, so ist es ein Edelstein. Es ist auch wie mit Wasser, das aus einer Quelle sprudelt: versperre ihm den Weg, und es bildet einen Sumpf, öffne ihm ein tiefes Bett, und es wird ein Fluß.

Daher wissen wir, daß im Zeitalter der Nachahmungslehren und Restlehren nicht einfach nur die Intelligenz verlorenging oder brachliegt; es fehlt außerdem etwas an der Art und Weise der Schulung und Erziehung.

Als die Chan-Gemeinschaften in voller Blüte standen, waren die Menschen in ihnen das, was vom letzten Zeitalter des Buddhismus noch übrig war. Die in der Entartung verweilten, waren Narren, während jene, die ihre Entwicklung selbst in die Hand nahmen, weise waren. Deshalb sage ich: Jeder hat den Geist, es bedarf nur sorgsamer Führung.

Und so wissen wir von den Fähigkeiten der Schüler im Auf und Ab der Zeiten, daß sie bei richtiger Behandlung aufstreben, durch Förderung veredelt werden, durch Unterdrückung verkümmern und durch Verneinung absterben. Von diesen Dingen hängt ab, ob die Stärken und Begabungen der Schüler verzettelt oder entwickelt werden.

Brief an den Kommandanten Li

110. Großes Lehren

Gaoan sagte:

Nichts ist wichtiger für die Größe der Lehrtätigkeit als Tugend und geziemendes Verhalten. Wenn der Lehrer die Tugend hochhält, werden seine Schüler den Wert von Verehrung und Achtung erkennen. Wenn der Lehrer geziemend handelt, werden die Schüler sich schämen, gierig und auf Vorteil bedacht zu sein.

Wenn der Lehrer auch nur im geringsten nachlässig ist und dadurch sein Gesicht verliert, so werden die Schüler geringschätzig und aufsässig – ein Hindernis für sie. Wenn der Lehrer sich in Streit verwickeln läßt und seine Gelassenheit aufgibt, so werden auch die Schüler streitsüchtig – ein Unglück für sie.

Die Weisen der alten Zeit besaßen Vor-Wissen, und sie erwählten erleuchtete Vorbilder der Weisheit als Führer der Chan-Gemeinschaften, bei deren Anblick die Menschen verwandelt wurden, ohne auch nur Unterweisung erhalten zu haben.

Deshalb traten hervorragende Menschen auf in der Zeit der großen alten Adepten, als die Lehre vom Weg in voller Blüte stand. Ihr Verhalten war sanft und edel, harmonisch, der Ordnung gemäß und friedvoll. So sollten alle sein, deren jedes Wort und jeder Hinweis Richtlinie für spätere Generationen sein kann.

Ein Brief

111. Erwartungen

Gaoan sagte:

Mein verstorbener Meister sagte einmal: «Als ich mich auf meine Pilgerschaft machte, gab es in vielen der kleinen Tempel, in denen ich war, Dinge, die nicht so waren, wie sie meiner Ansicht nach sein sollten. Als ich mich dann aber erinnerte, daß manche der großen alten Meister in der weniger strengen Atmosphäre eines örtlichen Tempels unverhofft ihrem Meister begegnet waren, störten mich die Dinge nicht mehr.»

Aufzeichnung gehörter Dinge

112. Nichts, dessen ich mich schämen müßte

Gaoan war innerlich und äußerlich aufrecht und stark. Sein Charakter war fest, und er wußte sich stets geziemend zu verhalten. Als Schüler war er immer wieder angegriffen und verleumdet worden, doch er hatte nie einen Gedanken daran verschwendet. Sein Leben lang gab er sich einfach und bescheiden.

Bei der persönlichen Unterweisung gab er seine Zustimmung nicht leichthin. Wo etwas nicht stimmte, da ging er nüchtern und direkt darauf ein. Alle Schüler glaubten an ihn und nahmen seine Belehrung an.

Einmal sagte er: «Mein Wissen um den Weg ist nicht größer als das Wissen anderer. Nur habe ich nie etwas getan, dessen ich mich in meinem Herzen schämen müßte.»

113. Für Mönche unerreichbar

Sooft Gaoan, als er Abt des Klosters Yunju war, einen Mönch sah, der die versteckten Fehler anderer angriff, gab er ihm beiläufig folgende Ermahnung: «In Wirklichkeit ist es nicht so. Für Menschen in einem Kloster ist der Weg, die Selbstvervollkommnung, das einzige dringende Geschäft. Wie kannst du dich einfach so deinen Vorlieben und Abneigungen hingeben und das Handeln anderer schlechtmachen?» So behutsam und umsichtig war er.

Zuerst hatte Meister Gaoan das Amt des Abtes von Yunju nicht angenommen, doch der ältere Meister Foyan sandte ihm einen Brief und drängte ihn, es zu tun. In dem Brief hieß es:

«Yunju ist das führende Kloster der Region; dort könnt Ihr die Gemeinschaft ordnen und festigen und den Weg fortführen. Es scheint, Ihr solltet nicht auf Eurer Weigerung beharren.»

Gaoan sagte: «Seit es Klöster gibt, sind der Mönche nicht wenige, deren Sittlichkeit durch diese Art Namen verdorben wurde.»

Als der ältere Meister Foyan davon erfuhr, sagte er: «Gaoans Haltung ist für Mönche unerreichbar.»

Aufzeichnung gehörter Dinge

114. Die Zeichen guter Führerschaft

Als Meister Xuetang die Gemeinschaft von Qianfu leitete, fragte er einmal einen Neuankömmling, woher er komme. Der Schüler sagte, er komme aus Fujian.

Xuetang sagte: «Bist du unterwegs guten Meistern begegnet?»

Der Schüler sagte: «Vor kurzem kam ich durch die Provinz Soundso, und von Meister Ben von Poshan, obgleich ich ihm nicht begegnet bin, weiß ich, daß er ein guter Führer ist.»

Xuetang sagte: «Woher weißt du, daß er gut ist?»

Der Mönch sagte: «Wenn man das Kloster dort betritt, sind die Wege sauber und die Hallen in gutem Zustand; in den Schreinen brennen stets Lichter und Räucherwerk, Glocke und Trommel werden morgens und abends deutlich und genau angeschlagen, Suppe und Reis sind morgens und mittags sauber und bekömmlich, und die Mönche sind höflich, wenn sie bei ihren Tätigkeiten jemandem begegnen. Daran erkenne ich, daß Ben ein guter Führer ist.»

Xuetang lächelte und sagte: «Ben ist wahrlich weise, und du hast Augen.» Dann berichtete er dem Präfekten von diesen Worten und fügte hinzu: «Ich werde alt und bitte Euch voller Hoffnung für das gedeihliche Wirken der Chan-Gemeinschaft, Ben zum Leiter hierher nach Qianfu zu berufen.»

Ostsee-Annalen

115. Tückische Zerstörungskraft

Xuetang sagte:

Ein tausend Meilen langer Eisendeich wird durch Ameisenhaufen undicht. Die Schönheit weißer Jade wird durch einen Makel verdorben. Der höchst subtile Weg ist jenseits von Eisendeichen und weißer Jade, aber Gier und Groll sind auch größer als Ameisenhaufen und Makel.

Das Wesen der Sache liegt darin, daß der Wille wahrhaftig und nüchtern ist, daß die Übung immer weiter verfeinert wird, daß die Ausdauer fest und sicher und die Bildung vollkommen geläutert ist. Danach ist es möglich, zum eigenen Wohl und zum Wohl anderer zu wirken. *Ostsee-Annalen*

116. Eisengesicht-Bing

Xuetang sagte:

Als ich die Gemeinschaft von Longmen leitete, war Eisengesicht-Bing Führer der Gemeinschaft von Taiping. Jemand erzählte mir, daß Bing, als er sich zur Schulung auf die Pilgerschaft machte und noch nicht lange von seinem Heimatort fort war, plötzlich die Aufzeichnungen nahm, die er sich von den Worten seines Lehrers gemacht hatte, und sie in der Nacht allesamt zu Asche verbrannte. Briefe, die er in dieser Zeit bekam, warf er auf die Erde und sagte, damit werde der Geist der Menschen nur unnötig aufgerührt.

Ostsee-Annalen

117. Innere Meisterschaft, äußere Redlichkeit

Xuetang sagte zu Meister Huaian Guang:

Als ich jung war, hörte ich diese Worte von meinem Vater: «‹Ohne innere Meisterschaft kann man nicht stehen, ohne äußere Redlichkeit kann man nicht handeln.› Dieses Sprichwort ist es wert, sich ein Leben lang daran zu halten; in ihm ist das Wirken der Weisen und Heiligen zusammengefaßt.»

Ich prägte mir diese Worte ein und erzog mich entsprechend, während ich zu Hause lebte. Selbst jetzt, da ich Führer einer Gruppe bin, sind diese Worte wie der Waagstein, der Schweres und Leichtes wiegt, wie Zirkel und Lineal, mit denen man rechteckig und rund bestimmt. Ohne dies verliert alles seine Ordnung.

Umfangreiche Aufzeichnung

118. Einer, der sieht

Xuetang sagte:

Wenn Gaoan die versammelten Mönche ansprach, pflegte er zu sagen: «In einer Gruppe müßt ihr es erkennen, wenn da einer ist, der sieht.»

Ich fragte ihn nach dem Grund dafür, und Gaoan sagte: «Hast du nicht Guishans Worte gelesen: ‹Nimm dir bei deinem Handeln ein Beispiel an denen, die schon weiter sind; folge nicht träge den Mittelmäßigen und Niedrigen.› Alle, die sich täglich inmitten der Menge aufhalten und doch nicht niederer Torheit verfallen, äußern solche Worte.

Unter einer Vielzahl von Menschen sind der Niedrigen viele, der Wissenden wenige. Den Niedrigen gleicht man sich leicht an, den Wissenden nahezukommen ist schwer.

Wenn du deinen Willen so entwickeln kannst, daß du wie ein Mann bist, der sich tausend Feinden stellt, bis die Kraft niederer Gewohnheiten zu Ende ist, wirst du wahrhaft ein Überwinder sein, jenseits von allem Maß.»

Umfangreiche Aufzeichnung

119. Innere Betrachtung

Xuetang sagte zu Meister Qiean:

Um Dinge zu regeln, muß man das Schwere und das Leichte wägen; wenn man das Wort ergreift, muß man zuerst denken und überlegen. Trachte nach Übereinstimmung mit dem mittleren Weg, gib keiner Voreingenommenheit Raum.

Übereiltes und unbedachtes Handeln führt selten zum Erfolg. Auch wenn man auf diese Art irgend etwas zustande bringt, wird man doch nie etwas wirklich vollenden.

Als ich in der Gemeinschaft der Schüler war, wurden mir durch eigene Anschauung Nutzen und Schaden deutlich. Nur jene, die Tugend besaßen, konnten die Menschen durch ihre Großherzigkeit bewegen. Ich hoffe, daß jene Künftigen, die Willenskraft besitzen, sich sorgsam darin üben werden. Nur dies wird von höchstem Nutzen sein.

Lingyuan pflegte zu sagen: «Menschen, die stets in der inneren Betrachtung verweilen, können für gewöhnlich vieles klar verstehen; wenn sie sich aber mit den Dingen einlassen und im Äußeren umherlaufen, so handeln sie der gesammelten Verfassung zuwider und verlieren den Körper der Wirklichkeit.»

Wenn ihr wirklich daran denken wollt, die Verantwortung des erleuchteten Meisters zu erben, so weise ich euch Nachkommende an, stets Selbsterforschung und Selbstkritik zu üben.

Umfangreiche Aufzeichnung

120. Ein Träger des Flickengewandes

Als Meister Yingan Hua Vorbild der Gemeinschaft im Kloster Miaoguo war, so wird erzählt, da besuchte ihn der ältere Meister Xuetang jeden Tag.

Manchen war dies nicht recht, doch Xuetang sagte: «Mein spiritueller Neffe Hua macht sich nichts aus Gewinn und strebt nicht nach Ruhm. Er zieht das Lob nicht dem Tadel vor, er verhält sich nicht gefällig oder nachgiebig, um etwas für sich zu gewinnen, und er setzt kein falsches Gesicht auf oder bedient sich schlauer Worte. Nehmt noch hinzu, daß er den Weg vollkommen klar sieht und völlig ungebunden geht oder bleibt – so habt ihr in ihm einen Träger des Flickengewandes, wie er nur schwer zu finden ist. Deshalb achte ich ihn.»

Anekdoten von Qiean

121. Energie und Wille

Xuetang sagte:

Die Schüler, bei denen die Energie größer ist als der Wille, werden kleine und engstirnige Menschen. Wenn ihr Wille Meister ihrer Energie ist, werden sie aufrechte, wahrhaftige Menschen. Wenn Energie und Wille einander ebenbürtig sind, werden sie erleuchtete Weise.

Manche Menschen sind unbelehrbar widersetzlich und nehmen keinen Rat und keine Ermahnung an – ihre Energie macht sie so. Aufrechte und wahrhaftige Menschen, auch wenn es sie heftig drängt, etwas zu tun, was nicht recht ist, bleiben ungeteilt und standhaft bis in den Tod – ihr Wille macht sie so.

Ausführliche Aufzeichnung

122. Drangsal

Xuetang sagte:

Als Lingyuan Führer der Chan-Gemeinschaft von Taiping war, wurde er von einem bestimmten Regierungsbeamten grundlos drangsaliert. Lingyuan schrieb einen Brief an unseren verstorbenen Meister Wuzu, in dem es hieß: «Es wird allmählich unmöglich, den Weg geradlinig zu verfolgen, und es ist nicht mein Wunsch, die Führerschaft durch Unehrlichkeit auszuüben. Besser ist es für mich, meinen Geist freizulassen zwischen den tausend Felsgipfeln und zehntausend Schluchten, Tag für Tag von Stroh und Hirse zu leben und so den Rest meines Lebens zu verbringen. Wozu noch sich grämen?»

Keine zehn Tage vergingen, bis ihn ein Gesuch erreichte, Führer der Gemeinschaft von Huanglong zu werden. Diese Gelegenheit nahm er wahr und machte sich auf den Weg.

Aufzeichnung der vom Versammlungsleiter Ting gehörten Dinge

123. Menschliche Figuren

Xuetang sagte:

Lingyuan stufte die Mönche gern anhand von Vergleichen ein. Er führte dazu eine alte Weisheit an: «Es ist wie mit dem Formen menschlicher Figuren aus Ton und aus Holz. Fertigt man eine Holzfigur an, so sollten Nase und Ohren zuerst groß und Mund und Augen zuerst klein sein, denn es könnte sein, daß der Schnitzer sie nicht trifft, und dann können Ohren und Nase, da sie groß sind, kleiner gemacht werden und Mund und Augen, da sie klein sind, größer gemacht werden.

Wenn man eine menschliche Figur aus Ton formt, sollten Ohren und Nase zuerst klein und Mund und Augen groß sein. Dann kann der Künstler, wenn er sie nicht trifft, Ohren und Nase größer machen, da sie klein sind, und er kann Mund und Augen kleiner machen, da sie groß sind.»

Lingyuan sagte: «Diese Worte mögen unerheblich wirken, doch können sie uns als Gleichnis für das Große dienen. Wenn Schüler, die angesichts von Ereignissen Entscheidungen fällen, nicht müde werden, ‹es dreimal zu überdenken›, so kann man sie als Menschen von großer Aufrichtigkeit bezeichnen.»

Aufzeichnung gehörter Dinge

124. Ein Leben in Freiheit

Xuetang sagte:

Wanan begleitete Gaoan zum heiligen Berg Tiantai. Als sie zurückkehrten erzählte Wanan mir, es gebe dort einen Alten namens Deguan, der seit dreißig Jahren, während derer sein Schatten nie die Berge verlassen hatte, zurückgezogen auf einem zerklüfteten Felsen lebte. Long Xuetan, der Bezirksrichter, der sich auch im Chan übte, hieß ihn willkommen, Abt des Klosters Ruiyan zu werden, doch Deguan lehnte mit einem Vers ab:

Seit dreißig Jahren allein, habe ich die Tür geschlossen;
Wie kann die Botschaft eines Staatsvertreters den grünen Berg erreichen?
Laßt ab von dem Bestreben, die nichtigen Belange der Menschenwelt
An die Stelle meines freien Lebens im Wald zu setzen.

Erneut wurde die Einladung überbracht, doch Deguan kam nie in das Kloster. Long Xuetan bewunderte ihn und verglich ihn mit Yinshan, einem einsiedlerisch lebenden Meister der alten Zeit.

Wanan sagte auch, es gebe dort einen alten Mann, der sich noch an Deguans Worte erinnerte: «Den Weg nicht begreifen, angesichts von Dingen allen Gleichmut verlieren, Gedanken und Gefühle aufrühren, das Herz eines Wolfs und den Geist eines Fuchses haben, den Menschen schmeicheln und sie betrügen, sich an die Machthaber zu heften, zustimmen, um Gunst zu erschleichen, dem Ruhm nachjagen und Gewinn an sich reißen, sich vom Echten abwenden und dem Unechten folgen, der Erleuchtung den Rücken kehren und sich dem Staub gleichmachen – Menschen des Weges, die in den Wäldern leben, tun das nicht.»

Anekdoten

125. Reich und vornehm

Xuetang wurde in einem reichen und vornehmen Haus geboren, doch er hatte nichts Hochmütiges oder Zügelloses an sich. Er verhielt sich bescheiden und genügsam; vergeistigt, wie er war, ließen materielle Dinge ihn unberührt.

Einmal schenkte jemand ihm einen Eisenspiegel, doch Xuetang gab ihn fort mit den Worten: «Der Bergbach ist klar genug, um auch ein Haupt- oder Barthaar zu spiegeln – wozu sollte ich diesen Spiegel behalten?»

Biographie

126. Lernende und Stümper

Xuetang war menschlich und erbarmungsvoll, lauter und mitfühlend. Er verehrte die Weisen und achtete die Fähigen. Witze und Weltliches kamen ihm kaum je über die Lippen. Er hielt sich nicht abseits und war nicht unnahbar, und in seinem Verhalten war weder Härte noch Zorn. In allem, was er tat, war er unerschütterlich und rein.

Einmal sagte er: «Als die Alten den Weg ergründeten, kümmerten sie sich nicht um äußere Dinge und legten alle gewohnheitsmäßigen Begierden ab. Schließlich gelangten sie so an den Punkt, wo sie Autorität und Rang vergaßen und den Bereich von Laut und Form verließen. Fähigkeiten schienen ihnen zuzuwachsen, ohne daß sie sich eigens darum mühten.

Jetzt bieten die Schüler alle ihre Verstandeskraft auf

und sind am Ende doch hilflos. Wie kommt das? Wenn der Wille nicht fest ist und nicht alle Kräfte auf die Aufgabe versammelt werden, wird man einfach nur ein Stümper sein.»

Biographie

127. Ich und andere

Meister Sixin berichtete:

Yuantong Xiu sagte einmal: «Wenn einer selbst nicht aufrecht sein kann, andere aber so machen möchte, so nennt man das Abweichung von der Tugend. Wenn einer selbst nicht achtungsvoll sein kann, andere aber so machen möchte, so nennt man das eine Verletzung dessen, was sich gehört. Wenn einer, der als Meister wirkt, von der Tugend abweicht oder das verletzt, was sich gehört – womit soll man dann noch Leitlinien für die Zukunft geben?»

Brief an Lingyuan

128. Nicht im Vordergrund

Sixin sagte zum Laienschüler Chen Rongzhong:

Wenn du den Großen Weg suchen möchtest, so richte zuerst den Geist aus. Wenn du irgendwelchen Zorn hast, wirst du den Geist nicht ausrichten können, wenn du irgendein Verlangen hast, wirst du den Geist nicht ausrichten können.

Freilich, wer außer den Heiligen und Weisen kann

frei von Vorliebe und Abneigung, Freude und Ärger sein? Stelle sie nur einfach nicht in den Vordergrund, damit sie der Geradheit nicht schaden können – das ist es, was als Errungenschaft betrachtet wird.

Umfangreiche Aufzeichnung

129. Die beste Abkürzung

Sixin sagte:

Die beste Abkürzung zum Eintritt in den Weg besteht in Bescheidenheit und Verzicht. Ich sehe viele Schüler mit aufgewühltem Geist und stammelndem Mund, begierig, den alten Weisen des Chan nachzufolgen; suche ich aber nach denen, die Verzicht und Bescheidenheit haben, so finde ich unter zehntausend nicht einen. Sie sind wie Söhne einer bürgerlichen Familie, die nicht lesen wollen, aber Beamte werden möchten – schon ein kleiner konfuzianischer Junge weiß, daß das nicht möglich ist.

Umfangreiche Aufzeichnung

130. Aufrichtigkeit und Vertrauenswürdigkeit

Sixin sagte zu Caotang:

Für die Aufgabe der Führerschaft sind Aufrichtigkeit und Vertrauenswürdigkeit im Sprechen und Handeln besonders wichtig. Sind deine Worte aufrichtig und vertrauenswürdig, so wird der Eindruck, den sie machen, tief sein. Sind deine Worte nicht vertrauenswürdig und aufrichtig, so wird der Eindruck, den sie machen, seicht sein.

Unaufrichtige Worte und vertrauensunwürdige Taten sind schon im gewöhnlichen weltlichen Leben nicht zulässig, will man von den Menschen nicht verachtet werden – um wieviel mehr, wenn man als Führer einer Gemeinschaft wirkt und die Lehre der Erleuchteten darlegt. Wenn es dir an Aufrichtigkeit und Vertrauenswürdigkeit mangelt in dem, was du sagst und tust – wer in aller Welt möchte dir dann nachfolgen?

Wahre Aufzeichnung über Huanglong

131. *Materialismus und der Weg*

Sixin sagte:

Profitsuche hat nichts mit dem Weg zu tun, den Weg zu suchen hat nichts mit Profit zu tun. Und nicht deshalb, weil die Alten es nicht vermochten, sie zu verbinden, sondern weil ihre Kräfte nicht übereinstimmen.

Gingen Profitsuche und der Weg zusammen, wozu hätten die Alten dann wohl Besitz und Stand aufgegeben, nicht an Errungenschaft und Ruhm gedacht und Geist und Körper kasteit in leeren Gebirgen und großen Sümpfen, wo sie ihr Leben lang aus Bächen tranken und von den Bäumen aßen?

Wenn du sagst, Profitsuche und der Weg seien beide möglich, ohne sich gegenseitig zu stören, so ist das, als hieltest du einen löchrigen Weinbecher, um damit einen brennenden Topf zu löschen – so rettest du ihn nicht.

Ein Brief

132. Unvoreingenommenheit

Erzählt wird, daß Meister Sixin, als er Leiter der Gemeinschaft des Klosters Cuiyan war, davon erfuhr, daß Meister Jiaofan vom Festland verbannt worden war und auf dem Weg zu seinem Exil auf der Insel Hainan im Süden gerade durch die Gegend von Cuiyan kam. Sixin sandte einige Leute aus, die Jiaofan ins Kloster holen sollten. Dort nahm er ihn sehr herzlich für etliche Tage als Gast auf und ließ ihn dann nur ungern weiterziehen.

Manche Leute meinten, Sixin verhalte sich widersprüchlich, da er in der Vergangenheit doch Kritik an Jiaofan geübt habe. Sixin sagte: «Jiaofan ist ein würdiger Träger des Flickengewandes. In der Vergangenheit gebrauchte ich sehr deutliche Worte, um die Zurschaustellung seiner Vortrefflichkeit zu beenden. Nun ist er Ränken zum Opfer gefallen, und das ist sein Los. Ich behandle ihn gemäß den in Chan-Gemeinschaften üblichen Prinzipien.»

Solche, die wissen, sagen, Sixin habe so gehandelt, weil er den Menschen gegenüber keine Voreingenommenheit kannte.

Aufzeichnung vom Westberg

133. Natur

Sixin sagte zu Caotang:

Mein verstorbener Meister Huitang sagte: «Offenheit und Umgänglichkeit erhalten die Menschen von der Natur – versuche sie herbeizuzwingen, und sie werden nicht lange vorhalten. Einer, der ungestüm ist, aber keine Ausdauer besitzt, wird von den kleinen Leuten höhnisch und verächtlich behandelt werden.

Ebenso kommen auch falsch und wahr, gut und böse von der Natur, und nichts davon kann man ändern. Nur Menschen von ausgewogener Natur, die mit dem Höheren und dem Niederen umgehen können, sind es wert, daß man sich mit ihnen abgibt und sie belehrt.»

Wahre Aufzeichnung

134. Gefühle

Meister Caotang Qing sagte:

Das Feuer, das eine Wiese verbrennt, beginnt mit einer kleinen Flamme; der Fluß, der einen Berg abträgt, beginnt tropfenweise. Ein wenig Wasser kann man mit einer Ladung Erde aufhalten, aber wenn viel Wasser kommt, kann es Bäume entwurzeln, Felsbrokken bewegen und Hügel fortspülen. Ein kleines Feuer löscht man mit einer Schale Wasser, aber wenn da viel Feuer ist, so brennt es Städte, Ortschaften und Bergwälder nieder.

Ist das im geringsten anders mit dem Wasser der Zuneigung und des Anhaftens, mit dem Feuer von Bosheit und Haß?

Menschen der alten Zeit, die ihren Geist zu regieren verstanden, taten ihren Gedanken Einhalt, bevor sie sich erhoben, unterbanden ihre Gefühle, bevor sie sich einstellten. Daher verbrauchten sie wenig Kraft, während sie zugleich Großes erreichten.

Wenn Gefühl und Natur einander stören und Liebe und Haß sich mischen und widerstreiten, dann wird dies innen das eigene Leben schädigen und in äußeren Beziehungen das Sein anderer. Sehr groß ist diese Bedrohung, keine Rettung möglich.

Ein Brief

135. Gefühle erkennen

Caotang sagte:

Es gehört im Grunde nichts weiter zur Führerschaft, als die Zustände der Menschen achtsam zu beobachten und alle zu erkennen, in den unteren Rängen ebenso wie in den höheren.

Sind die inneren Zustände der Menschen gründlich erfaßt, so sind Innen und Außen im Einklang. Wenn Oben und Unten sich einander mitteilen, werden alle Angelegenheiten in Ordnung gebracht. Auf diese Weise wird die Führerschaft gesichert.

Wenn der Führer die inneren Zustände der Menschen nicht genauestens unterscheiden kann und das Empfinden der Unteren sich nicht nach oben hin mitteilt, so sind Oben und Unten im Widerstreit, und die Dinge geraten in Unordnung. So wird die Führerschaft zuschanden.

Es mag vorkommen, daß ein Führer sich auf seine Verstandesschärfe etwas einbildet und an vorurteilsbehafteten Anschauungen festhält, so daß er die Gefühle der Menschen nicht erfaßt, den Rat der Gemeinschaft verwirft, nur seiner eigenen Autorität Bedeutung beimißt, die Rücksichtnahme gegenüber der Allgemeinheit vernachlässigt und willkürliche Begünstigung übt; all das läßt den Weg des Voranschreitens im Guten immer schmaler und den Weg der Verantwortung für die Gemeinschaft immer blasser werden.

Solche Führer lehnen alles ab, was sie noch nie zuvor gesehen oder gehört haben; sie bleiben in den eingefahrenen Bahnen, an die sie gewöhnt sind und die ihre Blößen verschleiern. Zu hoffen, daß die Führerschaft solcher Leute groß und weitreichend sein könnte – das ist, als setzte man die Schritte rückwärts, um vorwärts zu kommen.

Brief an Shantang

136. Auslese

Caotang sagte zu Meister Ru:

Mein verstorbener Meister Huitang sagte: «In einer großen Gemeinschaft sind die Tugendhaften und die Verdorbenen vermöge der Größe der Lehre zusammen, und so ist man unwillkürlich von manchen angezogen und hält sich von anderen lieber fern. Da kommt es einfach auf eine etwas feinere Auslese an.»

Wenn da Menschen von Fähigkeit und Tugend sind, die den Erwartungen der Gemeinschaft entsprechen, so solltest du dich ihnen nicht aufgrund von persönlichem Zorn entfremden. Und wenn es da Menschen von gewöhnlicher Sicht gibt, die die Gemeinschaft nicht mag, so solltest du nicht aufgrund von persönlicher Neigung freundschaftlich mit ihnen umgehen. So können die Tugendhaften für sich voranschreiten, die Verdorbenen ihre Rückschritte für sich allein tun, und die Gemeinschaft ist in Frieden.

Wenn der Führer seinen persönlichen Gefühlen nachgibt und sich bei der Förderung oder Zurücksetzung der Menschen nur nach seinen persönlichen Vorlieben und Abneigungen richtet, dann werden die Tugendhaften zurückhaltend und still sein, während die Verdorbenen sich nach vorn zu drängen versuchen. Dadurch verliert die Verfassung der Institution ihre Ordnung, und die Gemeinschaft wird zugrunde gerichtet.

Diese Auslese ist fürwahr der große Körper des lebenden Vorbildes. Kannst du dies in aller Lauterkeit durchschauen und in die Tat umsetzen, so werden die Menschen in deiner Nähe hocherfreut sein, und die weiter entfernten werden davon erzählen. Was hätte man sich dann noch zu sorgen, ob der Weg auch ausgeführt wird und ob die Suchenden kommen?

In Stein gehauene Inschrift in Sushan

137. Keine Voreingenommenheit zulassen

Caotang sagte:

An der Führerschaft ist nichts Besonderes – im wesentlichen kommt es darauf an, die Übel der voreingenommenen Information und der Selbstherrlichkeit nicht zuzulassen. Halte dich nicht einfach nur an das, was dir als erstes gesagt wird – dann können kriecherische Menschen, die sich Vorteile erschleichen wollen, dich nicht in Verwirrung bringen.

Schließlich sind ja die Gefühle einer Gruppe von

Menschen nicht einheitlich, und das objektiv Vernünftige ist schwer zu sehen. Was anliegt, das untersuche zunächst, um seinen Nutzen oder Schaden zu erkennen und zu sehen, ob es angemessen und geeignet ist oder nicht. Danach magst du es dann ausführen.

Wahre Aufzeichnung über Sushan

138. Objektivität

Caotang sagte zu Shantang:

In allen Dingen, bei denen richtig und falsch nicht klar ist, müßt Ihr vorsichtig sein. Wo richtig und falsch klar sind, solltet Ihr nach der Vernunft entscheiden, Euch besinnen, wo die Wahrheit liegt, und die Sache dann frei von Zweifeln regeln. So kann weder Schmeichelei Euch verwirren noch starker Widerspruch Euch bewegen.

Reine-Quelle-Annalen

139. Mitteilung von Herz zu Herz

Shantang sagte:

Schlangen und Tiger sind nicht die Feinde von Bussarden und Geiern – Bussarde und Geier folgen ihnen und krächzen sie an. Warum? Weil sie ein böses Herz haben. Kühe und Schweine werden nicht belästigt von Elstern und Dohlen – Elstern und Dohlen sammeln sich und reiten auf ihnen. Warum? Weil sie kein böses Herz haben.

Einst, als ein Chan-Meister der alten Zeit einen Eremiten besuchte, stellte dieser halbgar gekochten Reis hinaus. Der Meister sagte: «Warum fliegen Krähen weg, wenn sie einen Menschen sehen?» Der Einsiedler wußte keine Antwort, und schließlich richtete er selbst diese Frage an den Meister. Der Meister sagte: «Weil ich immer noch ein mordbereites Herz habe.»

Wer also andere beargwöhnt, wird von anderen beargwöhnt; wer die Menschen vergißt, wird auch von den Menschen vergessen. Die Alten, die mit Schlangen und Tigern zusammenlebten, hatten dieses Prinzip wohl erkannt. Einer der Alten sagte: «Ein Eisenochse fürchtet nicht das Brüllen des Löwen – es ist wie mit einem hölzernen Mann, der Blumen und Vögel sieht.» Diese Worte bringen das Prinzip zu seiner Vollendung.

Brief an einen Laien

140. Herrschaft

Shantang schrieb an einen hohen Regierungsbeamten:

Eine Regel für die Herrschaft über Untergebene besteht darin, daß Gunst nicht übertrieben sein darf, denn ist sie übertrieben, so werden jene hochmütig. Und Autorität darf nicht zu streng sein, denn ist sie zu streng, so wächst in jenen der Groll.

Soll Gunst nicht von Hochmut und Autorität nicht von Groll gefolgt sein, so darf Gunst nicht willkürlich gewährt werden, sondern nur den Verdienstvollen. Autorität soll nur ausgeübt werden, wo es Verfehlungen gibt, nicht aber fälschlich an denen, die untadelig sind.

Dann werden die Menschen nicht hochmütig, mag Gunst auch reichlich gewährt werden, und sie werden nicht haßvoll, mag die Autorität auch streng sein.

Solltet Ihr andererseits jene reich belohnen, deren Verdienst nicht hervorgehoben zu werden verdient, und jene streng bestrafen, deren Verstoß nicht nennenswert ist, so sorgt Ihr selbst dafür, daß niedrig denkende Menschen Hochmut und Groll entstehen lassen.

Brief an den Ministerpräsidenten Zhang

141. Das mittlere Maß

Shantang sagte:

Der Weg der Erleuchteten geht nicht über das Finden des mittleren Maßes hinaus. Das mittlere Maß zu überschreiten ist persönlicher Hang und Irrtum. Nicht alles in dieser Welt kann deine Wünsche erfüllen, und daher führt das Bestreben, deine Wünsche zu erfüllen, in Schwierigkeiten und Verwirrung.

Viele sind der Menschen in Vergangenheit und Gegenwart, die unbescheiden und unklug sind – so sehr in Gefahr, daß sie vernichtet zu werden drohen. Und wer neigte nicht zum Übermaß? Nur weise und entwickelte Menschen lassen ganz und gar davon ab; dies preist man als Vortrefflichkeit.

Brief an einen Laien

142. Friede inmitten der Gewalt

Der Chan-Meister Shantang floh zusammen mit dem Ministerpräsidenten Han Zicang, dem Chan-Meister Wanan und einem oder zwei weiteren Chan-Adepten in die Yunmen-Einsiedelei, um den Gewalttätigkeiten eines Bürgerkrieges in den frühen dreißiger Jahren des zwölften Jahrhunderts zu entgehen. Herr Han fragte Wanan: «Ich hörte kürzlich, daß Ihr von Soldaten des Rebellenführers Li Cheng gefangengenommen wurdet. Wie habt Ihr es fertiggebracht zu entkommen?»

Wanan sagte: «Man hatte mich gefangengenommen und gefesselt, und ich mußte tagelang hungern und frieren, und schließlich dachte ich, daß ich wohl sterben würde. Dann aber kam ein so heftiger Schneefall, daß das Gebäude darunter begraben wurde und die Wände der Räume, in denen wir festgehalten wurden, einstürzten. In dieser Nacht sind über hundert Leute glücklich entkommen.»

Herr Han sagte: «Und als Ihr gefangengenommen wurdet, wie seid Ihr damit umgegangen?»

Wanan antwortete nicht. Herr Han fragte noch einmal und drängte auf eine Antwort.

Wanan sagte: «Was wäre daran der Rede wert? Leute wie wir ergründen den Weg: Wir halten uns an das Rechte und haben nur den Tod. Was wäre da zu fürchten?»

Herr Han nickte.

Daher wissen wir, daß unsere Vorgänger auch inmitten von lebensbedrohendem Unheil und in allen Nöten der Welt von unwandelbarem Willen waren.

Sammlung vom Wahren Hirten

143. Die Wahl des Nachfolgers

Als der Chan-Meister Shantang sein Amt als Führer der Gemeinschaft von Baizhang niederlegte, sagte er zum Regierungsbeamten Han Zicang:

In der alten Zeit besaßen jene, die aufrückten, Tugend und Verantwortungsgefühl. Daher kamen sie nur auf die dritte Einladung hin und gingen mit einem einzigen Lebwohl.

Von denen, die heute aufrücken, kann man nur solche als weise Meister bezeichnen, die stark sind und wissen, wann man, ohne den rechten Weg zu verlieren, voranschreitet und sich zurückzieht.

Aufzeichnung gehörter Dinge

144. Unvoreingenommenheit

Shantang sagte zu Yean:

Die Haltung eines Führers muß von Unvoreingenommenheit geprägt sein. Wo etwas zu tun ist, solltest du nicht unbedingt das, was von dir kommt, für richtig halten und andere im Irrtum sehen. Dann bilden sich Mögen und Nichtmögen im Hinblick auf Verschiedenheit und Gleichheit gar nicht erst im Geist. Dann kann der Hauch grober Ichsucht und verfehlter Voreingenommenheit nirgends eindringen.

Trugbild-Einsiedelei-Sammlung

145. Beispiele

Miaoxi (Dahui) sagte:

Wenn die Alten etwas sahen, was gut war, nahmen sie es an, und wenn sie einen Fehler machten, so änderten sie es. Indem sie der Tugend folgten und die Eintracht förderten, waren sie bemüht, ohne Makel zu bleiben. Nichts machte ihnen mehr Sorge, als ihre eigenen schlechten Seiten nicht zu kennen, und nichts war ihnen lieber, als von ihren eigenen Fehlern zu erfahren.

Waren die Alten so, weil ihre Intelligenz unzureichend war oder weil sie nicht deutlich wahrnahmen? In Wahrheit war es eine Mahnung an die Menschen späterer Zeiten, die sich selbst zu erhöhen und andere herabzusetzen versuchen würden.

Die Vergrößerung einer Gemeinschaft durch Menschen aus allen Teilen des Landes ist nichts, was ein Mensch allein bewerkstelligen kann; um ganz zu erfassen, was richtig und was falsch ist, und um die Gefühle und Zustände der Menschen zu erfassen, bedarf es der Hilfe der Augen, Ohren und Gedanken von Verbündeten.

Wenn man sich auf hohen Rang verläßt, sich selbst allzu ernst nimmt, es bei kleinen Dingen allzu genau nimmt und dafür den großen Körper der Gemeinschaft insgesamt mißachtet, nicht weiß, wer die Weisen sind, nicht erkennt, wer die Nichtguten sind, nicht ändert, was falsch ist, nicht dem folgt, was richtig ist, sondern handelt, wie es einem gerade beliebt, ohne Rücksichtnahme, so wird damit dem Unheil der Weg bereitet. Sollte man sich davor nicht hüten?

Und sollte sich erweisen, daß unter den Gefährten tatsächlich keiner ist, den man um Rat fragen könnte, so nehme man sich ein Beispiel an den Weisen der Vergangenheit. Schließt man jedermann aus, so kann man wohl nicht «die hundert Flüsse einlassen, damit sie ein Meer werden». Brief an Meister Bao

146. Ernennung

Miaoxi sagte:

Wenn man Führer öffentlicher Schulungseinrichtungen ernennt, ist es dringend geboten, jene zu ernennen, die den Weg bewahren und friedfertig und maßvoll sind, deren Wille und Unbestechlichkeit, wenn sie ernannt sind, noch stärker werden, die den materiellen Rückhalt der Gemeinschaft nicht untergraben, was sie auch unternehmen mögen, sondern die Gemeinschaft zu ihrer vollen Entwicklung führen und Meister der Lehre sein werden, um so die heutige Zeit vor ihrem Niedergang zu bewahren.

Gerissene Schwindler aber, die kein Schamgefühl kennen, dafür aber zu schmeicheln und zu hofieren verstehen und sich an mächtige Familien der Oberschicht heften – wozu sollte man die ernennen?

Brief an Zhu-an

147. Gesunder Menschenverstand

Miaoxi sagte zum Laienschüler Chaoran:

Unter allen Dingen ist der gesunde Menschenverstand das eine, das nicht aufgegeben werden kann.

Selbst wenn er unterdrückt wird oder nicht zur Wirkung kommt – was kann das dem gesunden Menschenverstand anhaben?

Daher: Wenn ein wahrhaft Erleuchteter erwählt wird, Führer einer spirituellen Gemeinschaft zu werden, so freuen sich alle, die es sehen und hören, und loben die Wahl. Wird ein Ungeeigneter erwählt, so beklagen die Menschen die Wahl.

Tatsächlich hängt alles nur davon ab, ob der gesunde Menschenverstand verwirklicht wird oder nicht. Daran kann man ermessen, ob eine Chan-Gemeinschaft aufblühen oder niedergehen wird.

Keans Sammlung

148. Verdrehungen

Miaoxi sagte:

Die Alten wählten zuerst die aus, die Erleuchtung und Tugend besaßen, und empfahlen dann fähige und kenntnisreiche Menschen, die nachrücken konnten, wenn ihre Zeit reif war.

Wenn einer, der kein gutes Gefäß ist, über andere gestellt wird, so werden die meisten, die das sehen und hören, ihn mißachten; außerdem werden Mönche dadurch auf den Gedanken kommen, ihren Ruf zu verbessern und ihre Verdienste hervorzukehren, um selbst einen Posten zu bekommen.

In jüngster Zeit sehen wir die Chan-Gemeinschaften im Niedergang, da die Schüler die Tugenden des Weges nicht mehr achten und es ihnen an Rechtschaffenheit und Demut mangelt. Sie schmähen die Reinen und Einfachen als ungehobelte Tölpel und rühmen die Klugheit der lärmenden Stümper.

Deshalb sehen die Anfänger nicht klar. Sie jagen und fischen, fertigen Auszüge und Abschriften an, um sich mit gewandten Bemerkungen und Sprüchen zu versehen; sie verstricken sich mit der Zeit immer tiefer darin, und so ist nun schließlich eine allgemeine Entartung daraus geworden. Spricht man mit ihnen über den Weg der Weisen, dann sind sie so blind, als hätten sie das Gesicht der Wand zugekehrt. Es ist so gut wie unmöglich, diesen Menschen zu helfen.

Brief an Zicang

149. Zum Gedenken

Miaoxi sagte:

In den alten Tagen schrieb Huitang zum Gedenken an Huanglong: «Die sich in der alten Zeit diesem Forschen widmeten, wohnten auf Felsen und in Höhlen, aßen Wurzeln und Früchte, trugen Häute und Blätter. Sie beschäftigten ihren Geist nicht mit Gedanken an Ruhm oder Gewinn und schrieben sich nicht bei den Regierungsämtern ein.

In der Zeit der Wei-, der Jin-, der Qi-, der Liang-, der Sui- und der Tang-Dynastie (drittes bis neuntes Jahrh. n. Chr.), als den Versammlungen von Schülern aus allen Himmelsrichtungen erstmals Freistätten erbaut wurden, wählte man die Guten aus, um die Verdorbenen zu lenken, damit die Weisen die Toren und Verblendeten führten. Deshalb wurden Gast und Gastgeber eingeführt, wurden oben und unten unterschieden.

Wenn nun Menschen aus allen Himmelsrichtungen sich in einer Freistätte zusammenfinden, ist es fürwahr schwierig, die Verantwortung zu tragen. Es ist wichtig, die Großen zu vereinigen und die Kleinen beiseite zu lassen, das Dringende zuerst und das Nebensächliche später zu tun, nicht für sich selbst zu planen, sondern vor allem den anderen zu helfen. Das ist von ichhaftem Streben so verschieden wie der Himmel von der Erde.

In Huanglong werden heute die Namen der aufeinanderfolgenden Führer in Steininschriften festgehalten, damit die später Kommenden sie betrachten können, um zu sehen, wer Tugend besaß, wer gütig und rechtschaffen war, wer gegenüber der ganzen Gemeinschaft recht handelte und wer an seine eigene Bereicherung dachte.

Müssen wir nicht auf der Hut sein?»

Stein-Inschrift

150. Anwärter und ihre Eignung

Der Minister Zhang Zishao sagte zu Miaoxi:

Die Stellung des Versammlungsoberen in einer Chan-Gemeinschaft ist ein Rang, für den man die Tugendhaften und Weisen auswählen sollte, doch heutzutage wird vielerorts nicht mehr gefragt, ob der Versammlungsobere gut oder schlecht ist. Sie benutzen diesen Posten nur als Trittstein für ihren Ehrgeiz. Daran sind die Führer der Gemeinschaft mitschuldig.

In diesem Zeitalter der Nachahmung ist es schwer, jemanden zu finden, der sich für diese Stellung eignet.

Nähme man die, deren Streben ein wenig besser und deren Tugend ein wenig vollständiger ist, die bescheiden und aufrecht sind, so wäre das schon ein wenig besser, als die zu nehmen, die übereilt voranstürmen.

Keans Sammlung

151. Die Teilung der Verantwortung

Miaoxi sagte:

Als die Großen der alten Zeit als Führer von Chan-Gemeinschaften wirkten, verwalteten sie das Gemeinschaftseigentum nicht selbst, sondern betrauten damit klösterliche Amtsträger. Chan-Äbte der neueren Zeit maßen sich besondere Fähigkeiten und Kräfte an und sagen, alle großen und kleinen Angelegenheiten gehörten in die Hände des Abtes – die Amtsträger haben nur noch leere Titel.

Sämtliche Angelegenheiten der ganzen Gemeinschaft allein vermöge der Leistungsfähigkeit eines einzigen Menschen zu regeln, dafür zu sorgen, daß die Leute unterrichtet sind und die allgemeine Ordnung ungestört bleibt – wäre das nicht schwierig?

Brief an Shantang

152. Verbannung eines Meisters

Wanan sagte:

Als unser verstorbener Meister Miaoxi als Führer in Jingshan zu lehren begann, sprach er eines Abends über die Chan-Lehre, wie sie an verschiedenen Orten im ganzen Land geübt wurde. Als er zu den Lehren der darniederliegenden Cao-Dong-Schule des Chan kam, sprach er sehr ausführlich.

Am nächsten Tag sagte der Versammlungsobere Yin, der ein Meister der Cao-Dong-Schule war, zum Meister: «Den Menschen zu helfen ist eine ernste Sache. Man muß den Wunsch haben, zur Belebung der spirituellen Lehre beizutragen; man muß sie, je nach den Zeitumständen, vor dem Niedergang bewahren und nicht nach dem jeweiligen Belieben mit ihr verfahren. Ihr spracht über verschiedene Meister in der Zeit, als Ihr ein Chan-Anfänger wart: Schon da war sie nichts Beliebiges, um wieviel weniger jetzt, da Ihr ein öffentlicher Meister seid?»

Der Meister sagte: «Die Darlegung des gestrigen Tages war nur *ein* Anlaß.»

Der Versammlungsobere sagte: «Das Bestreben, die Heiligen und Weisen zu ergründen, ist von Natur gegeben – wie könnt ihr es geringschätzen?»

Der Meister beugte den Kopf und entschuldigte sich, doch der Versammlungsobere sprach endlos weiter über die Sache.

Später, als unser verstorbener Lehrer Miaoxi verbannt wurde, schrieb ein Aufwärter den Bannspruch auf und schlug ihn vor der Gemeinschaftshalle an. Die Mönche weinten und schluchzten wie Menschen, die ihre Eltern verloren haben, sie klagten jämmerlich und konnten sich nicht beruhigen. Der Versammlungsobere Yin ging in die Quartiere und sagte zu den Mönchen: «Die Nöte und Beschwernisse des Menschenlebens sind etwas, das man nicht willentlich vermeiden kann. Wäre Miaoxi sein Leben lang ein Weichling gewesen, der brav in Reih und Glied steht, den Mund hält und nichts sagt, so wäre es gewiß nicht zu dieser Verbannung gekommen. Aber muß ich euch erst noch sagen, daß das, was die Weisen der alten Zeit zu tun hatten, vor derartigem auch nicht haltmachte? Was grämt ihr euch so? In der alten Zeit fanden sich etliche ernsthafte Schüler zusammen, um den großen Meister Fenyang aufzusuchen. Sie gerieten in die Kriegswirren, die damals im Nordwesten herrschten; da wechselten sie einfach die Kleidung und mischten sich unter die Truppen, um sich zu Fenyang durchzuschlagen. Miaoxis Verbannungsort ist nicht gar so fern von hier, der Weg dorthin ist ohne Unterbrechungen und Hindernisse, die Berge sind nicht steil, die Flüsse nicht unüberschreitbar – wenn ihr Miaoxi sehen wollt, was ist daran so schwierig?»

Da verstummte die Menge. Am nächsten Tag brachen sie in ununterbrochenem Strom auf.

Lushan-Sammlung vom Wald der Weisheit

153. Kritik

Wanan sagte:

Als mein verstorbener Meister Miaoxi verbannt wurde, gab es unter den Schülern einige, die ihn untereinander tadelten. Der Versammlungsobere Yin sagte: «Grundsätzlich, wenn ihr Menschen tadelt und über sie redet, solltet ihr herauszufinden trachten, wo die Fehlerhaften fehlerlos sind – wie könnt ihr die Fehlerlosen fehlerhaft finden? Wenn ihr den Menschen nicht ins Herz schaut, sondern nur ihr Handeln anzweifelt –

welche Hilfe könnte das für die Demokratie der Gemeinschaft sein?

Miaoxis Tugend und Befähigung kommen von der Natur. In Haltung und Lebensführung folgt er nur der Pflicht und dem, was recht ist, in Denken und Urteilskraft übertrifft er ohne Zweifel andere Menschen. Jetzt, da die Schöpfung ihn fallenläßt, muß es einen Grund geben; wie können wir wissen, daß es nicht eines anderen Tages ein Segen für die Lehre sein wird?»

Von denen, die das hörten, wurde keine Kritik mehr laut.

Sammlung vom Wald der Weisheit

154. Die Sicherheit der Gemeinschaft

Der Versammlungsobere Yin sagte zu Wanan:

Einer, der als Meister bekannt ist, sollte Geist und Herz reinigen und allen Menschen, woher sie auch kommen mögen, vollkommen unvoreingenommen und redlich begegnen.

Wenn unter ihnen einer ist, der den Weg angenommen hat und Tugend, Menschlichkeit und Gerechtigkeit besitzt, so solltet Ihr auf diesen Menschen zugehen, selbst wenn Feindseligkeit zwischen Euch und ihm herrscht.

Und wenn einer ein unehrlicher Menschenfeind ist, so müßt Ihr diesen auf Abstand halten, selbst wenn Ihr ihm persönlich verpflichtet seid.

Dann weiß jeder, der kommt, woran er sich zu halten hat, und alle sind eines Geistes, von gleicher Tugend. Dann ist die Gemeinschaft in Sicherheit.

Brief an Miaoxi

155. Wie man für das Gedeihen der Gemeinschaft sorgt

Der Versammlungsobere Yin sagte:

Wenige sind der Führer, die befähigt sind, für das Gedeihen einer Gemeinschaft zu sorgen. Das liegt daran, daß die meisten von ihnen Wahrheit und Tugend vergessen, Güte und Pflichterfüllung vernachlässigen und die Richtlinien des Dharma preisgeben, um sich ganz nach ihrem eigenen Empfinden zu richten.

Man betrachte Niedergang und Verschwinden spiritueller Schulen in aller Aufrichtigkeit, mache sich selbst wahrhaftig und doch demütig gegenüber anderen, wähle weise und gute Menschen aus für gegenseitige Hilfe, ehre die, die ein langes tugendhaftes Leben geführt haben, halte sich fern von niedrig denkenden Menschen, übe sich in Mäßigung und Genügsamkeit und lasse die Tugend auch anderen zugute kommen.

Danach, wenn du andere als deine Helfer einsetzt, behalte die, die reifer sind, und halte die opportunistischen Schmeichler fern. Der Wert dessen liegt darin, daß es dann keine üble Nachrede wegen Bestechlichkeit und keine Spaltungen durch Parteilichkeit geben wird.

Sammlung vom Wald der Weisheit

156. Schwierigkeiten

Der Versammlungsobere Yin sagte:

Die Weisen der alten Zeit waren wachsam, wenn sie keine Schwierigkeiten hatten. Sie sagten sich: «Sollte der Himmel die Bösen fallengelassen haben?»

Ein Philosoph hat gesagt: «Nur ein Weiser kann frei sein von inneren und äußeren Schwierigkeiten. Solange man kein Weiser ist, muß man beunruhigt sein, wenn man in Frieden lebt.»

Menschen von Weisheit und Verstand wissen, daß man Schwierigkeiten nicht entgehen kann, und so sind sie von Anfang an sorgsam bedacht, sich davor zu schützen.

Wenn es auch Kummer und Mühsal im Menschenleben gibt, so kann daraus doch Glück für ein ganzes Leben werden. Unheil und Schwierigkeiten, üble Nachrede und Ungnade – nicht einmal die weisen Könige der alten Zeit entgingen dem, und andere erst recht nicht.

Brief an Miaoxi

157. Scharaden

Wanan sagte:

In letzter Zeit sehen wir, daß es in Chan-Gemeinschaften an reifen Menschen mangelt. Wohin man auch geht, findet man Hunderte von Menschen – einer gibt den Meister ab, und die Mitglieder der Gruppe spielen die Genossen. Indem einer, mit allen Insignien ausgestattet, den Rang des spirituellen Monarchen einnimmt, halten sie einander zum Narren. Nun mögen Scharlatane zwar Reden halten, doch ist dergleichen nicht auf die Schriften gegründet. So ist das heute – es gibt keine reifen Menschen.

Solange man nicht den Geist geklärt hat und an seinen Grund gelangt ist, solange man nicht in Übereinstimmung mit diesem Begreifen handelt – wie kann man sich da anmaßen, an des Buddha Statt zu lehren? Das ist, als würde jemand fälschlich zum Kaiser erklärt; er erwirkt damit nur seine eigene Hinrichtung. Spirituelle Monarchie ist noch ernster zu nehmen als weltliche Monarchie – damit kann man nicht leichtfertig umgehen.

Die Weisen rücken uns immer ferner, während jene, die von ihrer eigenen Schule des Denkens überzeugt sind, immer häufiger werden. Sie sind der Grund dafür, daß die Lehren der Weisen alter Zeit von Tag zu Tag immer weiter versinken. Schon Konfuzius klagte: «Ich würde gern gar nichts sagen, aber darf ich das?»

Ich habe ein oder zwei Dinge vorgetragen, die entscheidend zur Schwächung des Weges und zur Entwürdigung der Lehre beigetragen haben. Ich tat dies, um es in den Chan-Gemeinschaften zu verbreiten, damit die Jüngeren erfahren, daß ihre Vorgänger sich redlich mühten und hart arbeiteten, nur das Weitertragen der großen Lehre im Sinn, so, als gingen sie auf Eis, liefen über Schwerter hin – nicht auf der Suche nach Ehre oder Gewinn.

Wenn jene, die mich verstehen, mir dies zum Vorwurf machen, habe ich nichts mehr dazu zu sagen.

Sammlung vom Wald der Weisheit

158. Edelleute und Chan-Meister

Wanan sagte:

Neuerdings sehe ich Edelleute, Provinzinspektoren und Präfekten die Bergklöster aufsuchen und dort die

Amtsgeschäfte übernehmen. Am nächsten Tag lassen sie dem Mönchsältesten des Klosters durch einen Bediensteten ausrichten: «Heute solltet Ihr eigens für den Beamten Soundso einen Vortrag halten.» Das sollte uns zu denken geben.

Es ist zwar richtig, daß es schon aus alter Zeit Aufzeichnungen über solche Vorkommnisse gibt, doch war es in jedem Fall so, daß der hohe Herr den Meister aufsuchte, während dieser anläßlich des Besuches kurz auf den äußeren Schutz der Lehre und auf die Idee der Naturverherrlichung einging.

Waren solche hohen Herren Schüler geworden, so erzählten die Chan-Älteren ihnen einige leichte Geschichten der Schule, um ihnen Respekt einzuflößen. Es gibt bekannte Fälle von vornehmen konfuzianischen Herren, die bei Chan-Meistern vorsprachen, um unterwiesen zu werden – glaubt ihr, das sei ein besonders unvernünftiges Verhalten, das einem nur das Gelächter der Wissenden einträgt?

159. Gebieterische Art

Wanan sagte:

Wann immer die Alten zu Unterredungen unter vier Augen bereit waren, gaben sie dies durch ein Zeichen zu erkennen, und dann sprangen die Menschen nur so herzu, einer nach dem anderen, weil die Frage von Leben und Tod ihnen so dringend war, weil sie Zweifel zu bereinigen hatten und herausfinden wollten, was ist.

In neuerer Zeit finden wir häufig, daß Führer einer

Gemeinschaft einen jeden herbeizitieren und ihn sich bei der privaten Unterredung achtungsvoll unterwerfen lassen – ohne zu fragen, ob er alt oder krank ist.

Wo Moschus ist, da ist auch der Duft von Moschus – wozu müßte man das noch bekanntmachen? Dadurch schaffen sie nur Trennungen, so daß Gastgeber und Gast sich nicht wohlfühlen können. Dies sollte ein Meister bedenken.

160. Die Geschichte des Chan

Wanan sagte:

Der Begründer des Chan gab sowohl die Lehre als auch das Gewand der Nachfolge weiter. Nach sechs Generationen wurde das Gewand nicht mehr weitergegeben. Diejenigen, bei denen Handeln und Begreifen übereinstimmten, hatten das Werk der Schule über die Generationen hin fortzuführen. Der Chan-Pfad wurde immer strahlender, immer zahlreicher wurden die Nachfolger.

Nach dem Sechsten Patriarchen des Chan gab es zwei große Meister, die wahre Erben waren – Shitou und Mazu. Die tiefen Worte und wunderbaren Aussprüche dieser beiden großen Männer wurden im ganzen Land bekannt, und von Zeit zu Zeit gab es jemanden, der in sich selbst ihren inneren Sinn realisierte.

Als es dann die Methoden vieler Meister gab, stand den Schülern nicht mehr nur ein einziger Weg offen; der ursprüngliche Chan-Strom verzweigte sich fünffach, wurde je nach Gefäß eckig oder rund, doch die

Essenz des Wassers blieb sich gleich. Jeder Zweig besaß einen ausgezeichneten Ruf und war eifrig darauf bedacht, seinem Auftrag gerecht zu werden. Und so sprossen überall Chan-Gemeinschaften auf, und das nicht ohne Grund.

Von da an ging ein Antworten und Erläutern zwischen den Schulen hin und her, sie enthüllten einander die Feinheiten und Geheimnisse, mal dies verwerfend, mal das bekräftigend, und so beförderten sie alle den Prozeß der Schulung. Ihre Aussprüche waren ohne Duft und Geschmack, als kochte man Brettsuppe oder Nagelreis, um sie den später Kommenden aufzutragen, damit sie etwas zum Kauen hätten.

Das Verfahren, das sich daraus entwickelte, nennt man «die Alten heranziehen». Verse über alte Geschichten begannen mit Fenyang. Mit Xuedou fand dieser Klang bald darauf weite Verbreitung, und er war es, der diesem Klang seine ozeanische Grenzenlosigkeit gab und damit seine wesenhafte Bedeutung offenbarte.

Spätere Autoren hielten sich an Xuedou und ahmten ihn nach, bedachten jedoch nicht die Frage der Erleuchtung und der Tugend, sondern strebten allein nach Lebhaftigkeit und Frische des Ausdrucks; dadurch waren die Schüler nachfolgender Generationen nicht mehr in der Lage, die Botschaft der Alten in ihrer unverfälschten Reinheit und Ganzheit zu sehen.

Ich war auf meinen Wanderungen bei vielen Chan-Gemeinschaften und habe jene meiner Vorgänger gesehen, die nichts lesen als die Aussprüche der Alten und sich an nichts anderes halten als an die ursprünglichen reinen Regeln für Chan-Gemeinschaften. Haben sie etwa eine besondere Vorliebe für alte Dinge? Nein, es ist nur so, daß Menschen der heutigen Zeit nicht als Vorbilder geeignet sind. Ich hoffe auf Menschen von tiefem Begreifen und tiefer Verwirklichung, die mich jenseits der Worte verstehen.

161. Einige schlechte Gewohnheiten

Wanan sagte:

Neuerdings sehen wir Schüler, die in einseitige Anschauungen vernarrt sind, den Zustand der Menschen nicht erfassen, seicht im Glauben und unbotmäßig sind, die es mögen, wenn man ihnen schmeichelt – sie schätzen die, welche ihnen folgen, und wenden sich von denen ab, die nicht mit ihnen übereinstimmen. Selbst wenn sie ein bißchen Erkenntnis oder ein halbes Begreifen besitzen, wird das doch überlagert von schlechten Gewohnheiten dieser Art. Viele sind derer, die alt werden, ohne etwas zu erreichen.

Sammlung vom Wald der Weisheit

162. Eine falsche Lehre

Wanan sagte:

In den Chan-Gemeinschaften, wohin man sich auch wendet, treibt eine falsche Lehre ihr Unwesen, die besagt, daß Disziplin, Meditation und Erkenntnis unnötig seien und daß es unnötig sei, Tugend heranzubilden und sich der Begierden zu entledigen. Solche Rede gereicht nicht nur heutigen Chan-Gemeinschaften zum Schaden, sondern ist in Wirklichkeit eine Vergiftung der Lehre für zehntausend Zeitalter.

Gewöhnliche Menschen haben Begierden, sie lieben und hassen und wünschen, sie sind selbstsüchtig und unwissend, jeder ihrer Gedanken haftet an Dingen wie Blasen im Kochtopf. Wie kann man sie klären und kühlen? Vieles, worüber die alten Weisen sich Gedanken machen mußten, hatte eben damit zu tun. Und so richteten sie die drei Schulungsweisen der Disziplin, der Meditation und des Begreifens ein, um die Menschen im Zaum zu halten, damit sie gewandelt und erneuert werden konnten.

Heutzutage achten jüngere Schüler die Gebote nicht mehr; sie wollen sich nicht mehr in Meditation üben, ihre Erkenntnis verfeinern, ihre Tugend entwickeln. Sie verlassen sich ganz auf Gelehrsamkeit und die Kraft des Intellekts, handeln dabei aber niedrig und gewöhnlich, so daß es unmöglich ist, sie eines Besseren zu belehren. Dies meine ich, wenn ich sage, daß solche Rede eine Vergiftung der Lehre für zehntausend Zeitalter ist.

Nur jene Menschen von hoher Gesinnung, die auf ihrem Weg den richtigen Voraussetzungen folgen, sich aufrichtig und gewissenhaft um Begreifen und Klärung der Frage von Leben und Tod bemühen, werden nicht in das Treiben dieser Leute hineingezogen. Sie sagen, daß man solcher Rede nicht glauben kann, daß sie wie giftiger Vogeldung sei, wie Wasser, das von Vipern getrunken und ausgeschieden wird. Es ist nicht gut, solche Rede auch nur zu lesen oder zu hören – um wieviel weniger, sie in sich aufzunehmen, denn sie tötet unweigerlich den Menschen. Die Wissenden halten sich ganz von selbst fern davon.

Brief an Caotang

163. Gaben der Lehre

Es wird erzählt, daß der Chan-Meister Wanan genügsam und enthaltsam war und Gespräche, die sich zwanglos ergaben, aber auch allgemeine Darlegungen als Opfergaben gebrauchte. Unter den Mönchen der Gemeinschaft gab es einige, die daran etwas auszusetzen fanden.

Als Wanan das erfuhr, sagte er: «Morgens etwas Gutes essen zu wollen und grobe Kost am Abend nicht zu mögen, das ist das gewöhnliche menschliche Fühlen. Da euer Geist aber auf die Größe der Frage von Leben und Tod ausgerichtet ist und ihr eine Insel des Friedens und der Zurückgezogenheit aufgesucht habt, solltet ihr bedenken, wie sehr es in eurer Übung des Weges noch mangelt und wie weit ihr entfernt seid von der Zeit der Weisen. Wie könnt ihr ständig mit euren Gelüsten befaßt sein?»

Sammlung vom wahren Hirten

164. Ein Chan-Meister

Wanan war menschlich und rücksichtsvoll und lebte selbst genügsam und in strenger Einfachheit. Wenn er sprach, waren seine Worte schlicht und doch von tiefer Bedeutung. Er studierte viel und besaß ein starkes Gedächtnis. Er folgte dem logischen Denken bis zu dessen endgültiger Schlußfolgerung und machte dabei vor nichts halt und enthielt sich aller Willkür.

Wenn er von einer Geschichte sprach, sei sie neu oder aus alter Zeit, so meinte man, selbst dabeizusein

– dem Zuhörer war alles so deutlich, als sähe er es mit eigenen Augen. Die Schüler pflegten zu sagen, ein Jahr zu meditieren sei nicht so gut, wie einen Tag lang dem Meister zu lauschen.

Aufzeichnung gehörter Dinge

165. Buddhaschaft in diesem Leben

Wanan sagte zu Bian, dem Versammlungsoberen der Gemeinschaft:

Mein spiritueller Großvater Yuanwu sagte: «Unter den Chan-Leuten der heutigen Zeit sind nur wenige pflichttreu und untadelig – und keiner besitzt Demut. Viele Konfuzianer betrachten sie deshalb mit Geringschätzung.

Eines Tages werdet Ihr vielleicht hier verantwortlich zu handeln haben, also handelt stets auf der Grundlage der Regeln, lauft nicht Macht oder Gewinn nach und werbt nicht um die Gunst der Leute.

Leben, Tod, Unheil oder Schwierigkeiten – überlaßt sie alle sich selbst, und Ihr tretet in das Reich der Buddhaschaft ein, ohne das Reich der Dämonen zu verlassen.»

Darlegungen

166. Zwanglose Kleidung

Der Versammlungsobere Bian wurde Leiter und Meister der Gemeinschaft eines bestimmten Klosters auf dem heiligen Berg Lu. Er hatte stets einen Bambusstab bei sich und trug Strohsandalen. Als er einmal ein anderes Kloster aufsuchte, tadelte ihn der Abt, ein Mönch namens Hunrong, wegen seines Erscheinungsbildes. Er sagte: «Ein Meister ist ein Vorbild und Führer für andere; wenn Ihr so auftretet, wie wollt Ihr da vermeiden, daß Ihr Euch vor anderen herabwürdigt?»

Bian lachte und sagte: «Im Menschenleben gilt es als erfreulich, das zu tun, was man möchte; was wäre mir da vorzuwerfen?» Er nahm einen Pinsel, schrieb einen Vers und ging.

Der Vers lautete:

Sag nicht, ich sei unvermögend;
wenn auch der Körper unvermögend ist, der Weg
ist es nicht.
Diese Strohsandalen sind wild wie Tiger,
dieser Stab ist lebhaft wie ein Drache.
Durstig, trinke ich das Wasser des Chan,
hungrig, esse ich Kastanienstachelkugeln.
Wesen mit Bronzeschädel und Eisenstirn
gibt es auf meinem Berg.

Als der Abt das las, schämte er sich.

Mondhöhlen-Sammlung

167. Schauboote

Meister Bian sagte zu Hunrong:

Drachenbildnisse können keinen Regen machen; wie kann gemalter Kuchen den Hunger stillen? Mönche, die innen keine wirkliche Tugend besitzen und sich im Äußeren auf blumig Klugheiten verlassen, sind wie buntbemalte Boote mit Lecks. Setzt man – auf dem Trockenen – Zwerge hinein, so sieht das ganz nett aus – doch auf Flüssen und Seen, in Wind und Wellen, sind sie da nicht in Gefahr?

Mondhöhlen-Sammlung

168. Persönliche Verantwortung

Meister Bian sagte:

Der sogenannte Mönchsälteste lehrt an des Buddha Statt. Entscheidend ist dafür, daß man sich selbst läutert im Umgang mit der Gemeinschaft, daß man in äußerster Ehrlichkeit und Lauterkeit tut, was zu erledigen ist, und dafür sorgt, daß man den eigenen Geist nicht spaltet, indem man zwischen Gewinn und Verlust eine Wahl trifft.

Es obliegt dem einzelnen, das zu tun, und deshalb sollte man in aller Entschiedenheit so handeln. Was aber die Frage von Erfolg oder Mißerfolg angeht, so besaßen selbst die Weisen der alten Zeit darin keine Gewißheit – wie könnten wir hierin Gewißheit erzwingen wollen?

Mondhöhlen-Sammlung

169. Uniformen

Meister Bian sagte:

Als Fozhi Abt des Klosters Xichan war, strebten die Mönche nach einheitlichem Aussehen. Nur Shuian, der von Natur aus leer und friedvoll war, versorgte seinen Körper auf die denkbar einfachste Weise. Durch sein Erscheinungsbild stach er aus der Menge hervor, doch widmete er dem nie auch nur den kleinsten Gedanken.

Fozhi tadelte ihn und sagte: «Wie kannst du so aus der Reihe tanzen?»

Shuian sagte: «Nicht, daß ich nicht gern eine Uniform hätte; nur bin ich leider arm, und es gebricht mir an den Mitteln, so etwas anzufertigen. Hätte ich das Geld, so würde ich mir gern auch zwei solche schöne Ausstattungen anfertigen und mich einreihen. Da ich aber arm bin, kann ich gar nichts machen.»

Fozhi lachte. Er wußte, daß man Shuian nicht zwingen konnte, und so ließ er die Sache fallen.

Mondhöhlen-Sammlung

170. Die zügelnde Kraft des Gewahrseins

Meister Fozhi sagte:

Ein schnelles Pferd trabt geschwind, doch Gebiß und Halfter hindern es daran, ungestüm loszugaloppieren. Wenn engstirnige Menschen, störrisch und streitsüchtig, wie sie sind, nicht hemmungslos ihren Gefühlen nachgeben, so liegt das an den Strafen und Gesetzen. Wenn der Bewußtseinsstrom sich nicht an die Dinge zu heften wagt, so ist das auf die Kraft des Gewahrseins zurückzuführen.

Wenn Schüler ohne Gewahrsein und Besonnenheit sind, so sind sie wie ein schnelles Pferd ohne Gebiß und Halfter, wie niedrig denkende Menschen ohne

Gesetz. Womit sollen sie Gier und Verlangen ein Ende bereiten und schweifende Gedanken bezwingen?

Belehrungen für einen Laien

171. *Vier Gliedmaßen der Führerschaft*

Fozhi sagte zu Shuian:

Der Körper der Führerschaft hat vier Gliedmaßen: Erleuchtung und Tugend, Sprechen und Handeln, Menschlichkeit und Gerechtigkeit, Umgangsformen und Gesetz. Erleuchtung und Tugend sind die Wurzeln der Lehre; Menschlichkeit und Gerechtigkeit sind die Zweige der Lehre. Ohne Wurzeln ist es nicht möglich zu stehen; ohne Zweige ist es nicht möglich, vollständig zu sein.

Die alten Weisen sahen, daß die Schüler sich nicht selbst im Zaum halten konnten, und so gründeten sie Gemeinschaften, um sie zur Ruhe zu bringen, und sie richteten die Führerschaft ein, um sie zu lenken. Daher ist die Ehre der Gemeinschaft nicht für den Führer da und die Fülle des Lebensnotwendigen nicht für die Schüler – alles ist für den Weg der Erleuchtung.

Daher soll ein guter Führer vor allem Erleuchtung und Tugend achten und achtsam sein im Sprechen und Handeln. Um ein Schüler sein zu können, muß man zuerst an das Gute und Rechte denken und sich an die guten Umgangsformen und das Gesetz halten.

Deshalb besteht die Führerschaft für nichts anderes als die Schüler, und die Schüler können sich nicht entwikkeln ohne die Führerschaft. Führerschaft und Schüler sind wie der Körper und die Arme, wie der Kopf und die Füße. Wenn Groß und Klein übereinstimmen und sich nicht entgegenstehen, so befördern sie einander.

Deshalb heißt es: «Schüler erhalten die Gemeinschaft, die Gemeinschaft erhält die Tugend.» Wenn die Führerschaft ohne Tugend ist, steht die Gemeinschaft vor ihrem Niedergang.

Wahre Aufzeichnung

172. Schwierigkeiten vorhersehen

Meister Shuian sagte:

Im *Buch der Wandlungen* heißt es: «Der wahre Mensch sieht Schwierigkeiten vorher und sorgt vor.» Menschen der alten Zeit hatten die große Schwierigkeit von Geburt und Tod vor Augen und sorgten mit dem Weg vor, bis der Weg groß wurde und eine lange Zeit hindurch übermittelt wurde.

Heutzutage denken die Menschen, daß die weiten Entfernungen der Suche nach dem Weg sich nicht vergleichen lassen mit der drängenden Unmittelbarkeit materieller Belange. Deshalb wetteifern sie in ihrer nutzlosen Zügellosigkeit, kalkulieren haarklein, haben ein Auge auf alles, was sich ihnen zeigt, das Herz voller eigennütziger Pläne.

Keiner könnte als Führer für den gesamten Jahreslauf dienen und schon gar nicht für die Frage von Leben und Tod. Deshalb ist es um die Schüler von Tag zu Tag schlechter bestellt, verkommen die Gemeinschaften von Tag zu Tag immer mehr, verlieren die sie vereinigenden Prinzipien täglich an Kraft – bis ihre

Auszehrung so weit gediehen ist, daß sie nicht mehr zu retten sind. Seien wir auf der Hut.

Wahre Aufzeichnung vom Doppelwald

173. Eine direkte Abkürzung

Shuian sagte:

In der alten Zeit, auf meiner Wanderschaft der Suche nach dem Weg, sah ich Gaoan bei einer abendlichen Versammlung. Er sagte: «Der unübertreffliche Weg ist eine direkte Abkürzung, die nichts mit menschlichen Empfindungen zu tun hat. Vor allem kommt es darauf an, dein Herz lauter und deinen Geist wahrhaftig zu machen. Sei kein Knecht der Prahlerei und der Parteilichkeit. Prahlerei ist nicht weit von Betrug, und wenn du parteilich bist, bist du nicht im Gleichgewicht – beides ist dem unübertrefflichen Weg nicht angemessen.»

Ich bedachte diese Worte für mich allein, nahte mich ihrem Sinn und beschloß dann, sie in die Tat umzusetzen. Als ich dann Fozhi begegnete, der mein Meister werden sollte, wurde mein Geist zum ersten Mal durch große Einsicht geöffnet. Erst dann konnte ich dem tiefen Verlangen meiner Lebenspilgerschaft gerecht werden.

Brief an Yuetang

174. Im Keim ersticken

Shuian sagte:

Wo auch immer Yuetang Leiter einer Chan-Gemeinschaft war, machte er die Übung des Weges zu seiner eigenen Verantwortung. Er schickte niemanden zum Sammeln von Spenden aus und suchte auch selbst nicht die vornehmen Geldgeber auf. Als Nahrung das Jahr hindurch wurde nur das genommen, was die Ländereien des Klosters erbrachten. Er wies viele Mönche zurück, die um Almosen predigen wollten.

Manche sagten: «Der Buddha wies die Mönche an, mit ihrer Bettelschale auszuziehen, um das äußere Leben zu sichern – wie könnt Ihr sie aufhalten und es nicht erlauben?»

Yuetang sagte: «In den Tagen des Buddha war das ganz richtig, doch wenn wir es heute tun, fürchte ich, wird es jene geben, die auf Gewinn aus sind, und zwar so sehr, daß sie schließlich sich selbst verkaufen.»

Ich glaube, Yuetangs Im-Keim-Ersticken traf sehr tief und war strahlend klar. Seine treffenden Worte klingen mir noch im Ohr. Wenn ich von dieser Warte aus unsere heutige Zeit betrachte, ist es dann nicht schon viel weiter gekommen, als daß die Menschen sich selbst verkaufen?

Darlegungen

175. Tausend Tage des Bemühens

Shuian sagte:

Wenn die Großen der alten Zeit die Führerschaft innehatten, verlangten sie auch von sich selbst die Ausführung des Weges, nie auch nur einen Augenblick lang säumig oder sich selbst gegenüber nachsichtig. Der große Chan-Meister Fenyang beklagte die Mängel des Nachahmungs-Zeitalters und daß die Schüler so schwer zu unterweisen waren. Sein hervorragender Schüler Ciming jedoch sagte: «Es ist sehr einfach – das Problem liegt darin, daß die lehrenden Meister nicht gut führen können, das ist alles.»

Fenyang sagte: «Die Alten waren rein und lauter, und doch dauerte es zwanzig bis dreißig Jahre, bis sie ihre Bemühungen zum Erfolg brachten.»

Ciming sagte: «Das ist nicht die Rede eines weisen Philosophen. Für jemanden, der in rechter Weise auf dem Pfad vorangeht, ist es eine Sache von tausend Tagen des Bemühens.»

Manche hörten nicht auf ihn und sagten, er rede Unsinn.

Nun war es in der Gegend, in der Fenyang wirkte, außerordentlich kalt, und so beendete er die übliche abendliche Versammlung. Ein fremder Mönch sagte zu Fenyang [in einer anderen Fassung der Geschichte sagte es ein indischer Mönch im Traum zu ihm]: «Es sind sechs große Helden in dieser Versammlung – warum gebt Ihr keine Unterweisung?»

Bevor drei Jahre um waren, gab es wirklich sechs Leute in Fenyangs Gemeinschaft, die Erleuchtung verwirklicht hatten.

Westsee-Annalen

176. Schachern

Shuian sagte:

Neuerdings sehen wir mancherorts Führer, die ihre Anhänger mit geistigen Kunstgriffen an der Kandare halten; die Anhänger aber dienen ihnen mit dem Hintergedanken, Einfluß, Macht und Gewinn zu ergattern. Die Führer und die Anhänger schachern, Oben und Unten narren einander. Wie kann da die Schulung Erfolg haben, wie können die Gemeinschaften gedeihen?

Ein Brief

177. Die Menschen bewegen

Shuian unterwies einen Schüler, der geladen worden war, bei Hofe zu sprechen:

Um Menschen mit Worten bewegen zu können, muß man wahrhaftig und schneidend sein. Wenn deine Worte nicht wahr und treffend sind, bleiben sie ohne tiefe Wirkung, und wer wird sie sich dann zu Herzen nehmen?

In der alten Zeit sandte unser spiritueller Ahne Baiyun einmal seinen Schüler Wuzu, unseren spirituellen Urgroßvater, zu einem Lehrauftrag aus und ermahnte ihn sorgsam mit diesen Worten:

«Der Chan-Weg ist im Niedergang begriffen; er ist gefährdet wie aufgehäufte Eier. Gib dich nicht der Nachlässigkeit und Pflichtvergessenheit hin. Damit wird nicht nur Zeit vergeudet, sondern auch die höchste Tugend untergraben. Sei unverkrampft und weitherzig, erwäge die richtigen Maßnahmen. Hilf den Menschen im Gedanken an die ganze Gemeinschaft. Bring die Wahrheit ans Licht, um deine Dankesschuld gegenüber den Erleuchteten und den spirituellen Vorfahren zu begleichen.»

Wen hätte es nicht bewegt, solches zu hören?

Du bist gerufen worden, vor dem kaiserlichen Hof zu sprechen. Das ist wahrhaft glückverheißend für die Lehre. Du mußt dich zu Ehren des Weges demütig machen und Hilfe und Erlösung zu deinem Herzen machen. Bringe dich nicht selbst durch Hochmut zu Fall.

Seit uralter Zeit sind die Weisen bescheiden und gütig, achtungsvoll und umsichtig. Sie schützten sich selbst durch vollkommene Tugend und betrachteten Autorität und Rang als nichts Großartiges. Auf diese Weise konnten sie eine ganze Zeit läutern, und ihr Ruhm tönt wunderbar weiter für zehntausend Generationen.

Ich glaube, meiner Tage sind nicht mehr viele, und wir werden einander nie wieder persönlich begegnen. Das ist der Grund für diese dringende Ermahnung.

Brief an Touzi

178. Ein Abschied

Shuian war außergewöhnlich von Jugend an und von großer Entschlossenheit. Charakter und Untadeligkeit galten ihm viel, törichte Verschwendung lag ihm nicht, kleinliche Kritik übte er nicht. Er war von hoher Gesinnung und offenherzig. In seinem wirklichen

Handeln setzte er die Prinzipien ins Werk. Selbst wenn Unheil und Nöte zusammenkamen, sah man ihn nie entmutigt.

Er hatte acht öffentlichen Klöstern in vier Städten als Abt vorgestanden. Wohin er auch ging, bemühte er sich unablässig um die Übung des Weges im Innersten.

Im Jahre 1178 zog er sich aus dem Kloster der Reinen Güte am Westsee zurück. Er schrieb:

Sechs Jahre die Tempel besprengen und auskehren
in der kaiserlichen Hauptstadt;
Ziegel und Kiesel werden zu himmlischen Kammern.
Heute ist der Palast fertig, und ich kehre zurück –
ein reiner Wind erhebt sich rings um meinen Stab.

Die höheren Stände und das gemeine Volk suchten ihn zum Bleiben zu überreden, doch er war nicht umzustimmen. In einem kleinen Boot segelte er aufwärts zum Kloster der Himmlischen Klarheit in der Langwasser-Präfektur. Nicht lange danach schien er krank zu werden; er verabschiedete sich von den versammelten Mönchen und kündigte sein Ende an.

Biographie

179. Das pflichtvergessene Zeitalter

Yuetang sagte:

In der alten Zeit stellte Baizhang, Chan-Meister von Großer Weisheit, der besorgt war über die Vermessenheit und Trägheit der Mönche im Zeitalter der Pflichtvergessenheit, Regeln und Richtlinien auf, die Schlimmeres verhüten sollten. Jeder erhielt eine Aufgabe, je nach Begabung und Fähigkeiten.

Der Führer lebte in einem zehn mal zehn Fuß großen Raum, die Gemeinschaft mit zehn Versammlungsoberen in strenger Ordnung in einer Gemeinschaftshalle. Die Ordnung entsprach der einer Staatsregierung: Die Führer legten die Grundzüge der Lehre vor, und die Untergebenen kümmerten sich um ihre vielen Aspekte, so daß Oben und Unten einander verstanden wie der Körper, der seine Arme benutzt, wie die Arme, die ihre Finger benutzen – ein jeder folgte.

Diejenigen unter unseren Vorfahren, die dieser Tradition folgten und ihrer Hilfe teilhaftig wurden und sich bemühten, sie ins Werk zu setzen, konnten dies tun, weil der Einfluß der alten Weisen noch nicht erloschen war.

Neuerdings sehen wir die Chan-Gemeinschaften in Veränderungen und Niedergang. Die Schüler schätzen Begabungen hoch ein und achten das beharrliche Üben gering, sie lieben das Kurzlebige und Prangende und haben für das Wahre und Einfache nur Verachtung. Im Laufe der Tage und Monate geraten sie in den Sog der Entartung.

Es fängt damit an, daß man die Dinge ein Weilchen auf die leichte Schulter nimmt, doch nach längerer Zeit des Wohllebens und der Gewöhnung meinen die Leute, es sei ganz natürlich, so zu leben, und betrachten es nicht mehr als falsch oder dem Prinzip widersprechend.

Nun fürchtet der Führer die Untergeordneten,

während diese ein wachsames Auge auf ihn haben. Gibt der Führer sich gelöst und zwanglos, so führen die Untergebenen süße Worte im Mund, kriecherisch um Gunst bemüht, doch wo sie eine ungeschützte Stelle entdecken, schmieden sie heimtückisch Pläne, um seinen Fall herbeizuführen. Die Gewinner gelten als klug, die Verlierer als dumm – nach der Rangordnung von hoher und niedriger Gesinnung oder nach dem Prinzip von Recht und Unrecht fragen sie nicht mehr. Was einer getan hat, macht ein anderer nach; was unten gesagt wird, wird oben befolgt; was sie vorher taten, setzen sie hinterher fort.

Wenn jetzt nicht Meister von großer Weisheit sich der Kraft des Willens bedienen und hundert Jahre des durchgreifenden Wirkens aufhäufen, werden Niedergang und Stillstand unumkehrbar.

Brief an Meister Shun

180. Wenn man mittags die Melonen gießt

Yuetang hatte die Führerschaft des Klosters der Reinen Güte am längsten inne. Jemand sagte zu ihm: «Ihr habt hier jahrelang den Weg geübt, doch hörte ich noch nichts davon, daß Ihr unter Euren Schülern Nachfolger hättet. Versagt Ihr damit nicht gegenüber Eurem Meister?»

Yuetang erwiderte nichts.

An einem anderen Tag wiederholte dieser Jemand seine Frage, und Yuetang sagte: «Habt Ihr nicht die Geschichte von dem Mann in alter Zeit gehört, der Melonen anbaute? Er liebte Melonen und goß sie um die Mittagszeit im Hochsommer. Daraufhin verfaulten sie, wo sie lagen.

Was bedeutet das? Nicht, daß seine Begeisterung für Melonen nicht echt gewesen wäre, sondern daß er sie zur Unzeit goß und damit verdarb.

Alte Meister hier und da bestätigen Mönche, ohne sich vergewissert zu haben, ob das Wirken des Weges in ihnen zur Erfüllung gelangt ist und ob ihre Befähigung umfassend und weitreichend genug ist. Sie wollen einfach ihren Werdegang beschleunigen, doch schaut man sich ihre ethische Haltung genauer an, so sind sie verdorben, und betrachtet man ihre Worte und Taten, so widersprechen sie einander. Was sie unparteilich und korrekt nennen, ist einseitig und vorurteilsbeladen.

Ist das nicht eine Bevorzugung, die das rechte Maß übersteigt? Es ist wie das Gießen der Melonen am Mittag. Ich fürchte sehr, daß die Wissenden lachen würden, also tue ich es nicht.»

Nordberg-Annalen

181. Ein Zeugnis

Xuetang sagte:

Der Astronom Huang Luzhi sagte einmal: «Der Chan-Meister Huanglong Huinan war von tiefem Geist und großem Feingefühl, unbeeinflußt von irgend etwas oder irgend jemandem. Sein Leben lang war er frei von jeder Anmaßung. Unter seinen Schülern gab es solche, die ihn niemals freudig erregt oder ärgerlich gesehen hatten. Er begegnete allen in gleicher Aufrichtigkeit, auch Dienern und Arbeitern. So verhalf er dem von Ciming gewiesenen Weg zur Blüte, ohne die Stimme zu erheben oder den Ausdruck zu verändern. Das war nicht ohne Grund.

Steininschrift in Huanglong

182. Ein Beispiel

Yuetang sagte:

Im Jahre 1129, zur Zeit des Zhong-Xiang-Aufstandes in Liyang, geriet der Chan-Meister Wenshu Dao in Gefahr. Als die Macht der Aufständischen sich voll entfaltet hatte, flohen seine Schüler, doch der Meister sagte: «Kann Unheil abgewendet werden?» So blieb der Meister entschlossen in seinem Zimmer und wurde schließlich von Plünderern getötet.

Der Laienschüler Wugou schrieb ein Nachwort zur Sammlung der Aussprüche des Meisters:

«Das Leben lieben und den Tod scheuen, das ist das gewöhnliche Empfinden der Menschen. Nur ganze Menschen erkennen, daß sie ursprünglich ungeboren sind; sie haften im Leben an nichts und haben begriffen, daß sie niemals vergehen, und so haben sie keine Furcht, wenn sie auch sterben müssen. Deshalb können sie den Zeiten der Drangsal von Geburt und Tod die Stirn bieten, ohne in ihrer Entschlossenheit schwankend zu werden.

Der Meister war solch ein Mensch. Weil die erleuchtete Tugend und die Wahrheitstreue des Meisters zur Unterweisung der Gemeinschaften angetan waren und späteren Generationen ein Beispiel gaben, erhielt er den Titel Zhengdao, Wahrer Führer. Er war Nachfolger des Chan-Meisters Fojian.»

Aufzeichnungen über den Großmeister Hui von Lushan

183. Eine Diagnose

Meister Xinwen Fen sagte:

Viele sind der Mönche, die durch Chan Krankheiten bekommen. Diejenigen, deren Krankheit in Augen und Ohren ist, halten starrenden oder funkelnden Blick, das geneigte Ohr und das Nicken für Chan. Die an Mund und Zunge krank sind, meinen, wirres Gerede und wildes Geschrei seien Chan. Die an Händen und Füßen krank sind, meinen, hin und her zu gehen und nach Ost und West zu deuten sei Chan. Diejenigen, bei denen die Krankheit in Herz und Eingeweiden sitzt, sind der Meinung, das Geheimnisvolle zu ergründen, das Wunderbare zu studieren, Gefühle hinter sich zu lassen und sich von Anschauungen zu lösen sei Chan.

Von der Warte des Wirklichen aus betrachtet, ist all das Krankheit. Nur ein wahrer Meister kann schon in dem Augenblick, wo einer den Raum betritt, die feinen Hinweise erfassen, mit einem Blick erkennen, ob jener begreift oder nicht, und unterscheiden, ob er angekommen ist oder nicht.

Danach, mit Ahle und Nadel arbeitend, befreit der Meister sie aus ihren subtilen Verstrickungen, nimmt sich die Stellen vor, an denen sie festhängen, prüft sie, ob sie wahrhaftig oder falsch sind, und stellt fest, ob sie echt oder unecht sind – und ohne dabei an einer einzigen Methode festzuhalten, weiß er, wann er zu wechseln und weiterzugehen hat, und ruht nicht, bis er sie schließlich dazu gebracht hat, im Reich des Friedens, des Glücks und der Freiheit von Sorgen zu wandeln.

Wahre Aufzeichnung

184. Die Niederschrift von der blaugrünen Felswand

Xinwen sagte:

Der Weg der besonderen Überlieferung außerhalb der orthodoxen Lehre ist höchst einfach und stellt die Essenz dar. Von Anfang an ist da nichts anderes zu erörtern. Unsere Vorgänger führten ihn ohne jeden Zweifel aus und hielten sich an ihn, ohne je abzuirren.

Während der Tianxi-Zeit der Song-Dynastie (1012–1022) gebrauchte der Chan-Meister Xuedou seine Beredsamkeit und Gelehrsamkeit, um schöne Gedanken in bildhafte Folge zu bringen; er suchte die Frische des Ausdrucks und verfeinerte sein Können. So folgte er dem Beispiel Fenyangs und dichtete Verse über alte Geschichten, um die Schüler der Zeit damit zu fesseln und zu lenken. Von dieser Zeit an veränderte sich das Chan in seiner Art und Weise.

In der Xuanho-Zeit (1119–1125) äußerte dann Yuanwu seine Gedanken zu den Geschichten und Versen Xuedous, und von da an war diese Sammlung als *Niederschrift von der blaugrünen Felswand* bekannt. Damals konnten die vollendeten Meister der Zeit, wie etwa der Wanderer Ning oder Huanglong Sixin, Lingyuan und Fojian, dem nicht widersprechen, was er sagte, und so achteten die Schüler späterer Generationen seine Worte hoch, rezitierten sie am Tag und lernten sie in der Nacht und hielten dies für die höchste Form der Schulung. Niemand erkannte diesen Irrtum, und leider schwand die Befähigung der Schüler zur Meditation.

Zu Beginn der Shaoxing-Zeit (1131–1163) suchte Yuanwus erleuchteter Nachfolger Miaoxi das östliche China auf und sah, daß die Schüler sich dort eigenmächtig so sehr auf die Beschäftigung mit diesem Buch eingelassen hatten, daß dies zu einem Übel wurde. Da zerbrach er die Holzblöcke der *Niederschrift von der blaugrünen Felswand* und analysierte ihre Erklärungen, um dadurch Täuschungen zu überwinden und den Verirrten zu helfen; er beseitigte die Auswüchse und Übertreibungen, zerstörte das Falsche und enthüllte das Wahre und ging auf ganz besondere Weise mit dem Text um. Allmählich begannen die Schüler ihren Irrtum einzusehen und verherrlichten das Buch nicht mehr.

Wären nicht Miaoxis hohe Erleuchtung und sein weiter Blick gewesen, um, vom Gelübde des Erbarmens getragen, ein Zeitalter des Verfalls vor seinen Übeln zu bewahren, so wären die Chan-Gemeinschaften in ernster Gefahr.

Brief an Zhang Zishao

185. Keine festen Klassen

Der Chan-Meister Choan sagte zum Ministerpräsidenten Yu Yunwen:

«Der große Weg ist klar und offen – niemand ist ursprünglich dumm oder klug auf dem Weg. Das ist wie mit manchen der Alten, die pflügend oder fischend begannen, dann aber Berater der Kaiser wurden – wie sollte das gehen, wenn es feste Klassen der Intelligenz gäbe?

Es bedarf jedoch einer gewissen persönlichen Kraft, um teilnehmen zu können.

Umfangreiche Aufzeichnung

186. Schulung für die Führerschaft

Choan sagte:

Um Euch für den Umgang mit der Versammlung zu schulen, müßt Ihr Weisheit gebrauchen. Um Täuschungen zu zerstreuen und Gefühle zu beseitigen, müßt Ihr zuerst Gewahrsein haben. Wenn Ihr Euch vom Gewahrsein abwendet und mit dem Staub gemein macht, wird Euer Geist umwölkt sein. Wo zwischen Weisheit und Torheit nicht unterschieden wird, geraten die Dinge in Verwirrung.

Brief an einen Klosteraufseher

187. Hindernisse mittels Vernunft durchdringen

Choan sagte:

Als Fojian Führer der Gemeinschaft im Kloster des Großen Friedens war, hatte Gaoan sich um die Versorgung der Gäste zu kümmern. Gaoan, jung und feurig, blickte auf alle anderen herunter, und es gab wenige, die seine Billigung fanden.

Eines Tages, zur Zeit des Mittagsmahls, als Gaoan die Glocke anschlug, sah er jemanden Speisen in einem besonderen Gefäß vor Fojian hinstellen. Gaoan verließ die Halle und verkündete mit lauter Stimme: «Wenn der Meister von fünfhundert Mönchen so handelt, wie kann er dann ein Vorbild für spätere Schüler sein?»

Fojian tat so, als sehe und höre er dies nicht.

Als Fojian dann die Halle verließ, schaute Gaoan nach und sah, daß das besondere Gefäß eingelegtes Gemüse enthielt, denn wie sich herausstellte, hatte Fojian hartnäckige Magenbeschwerden und nahm nicht von dem Öl, mit dem die klösterlichen Speisen normalerweise angereichert wurden.

Gaoan schämte sich und suchte das Zimmer des Meisters auf, um seinen Rücktritt anzukündigen.

Fojian sagte: «Was du sagtest, war ganz richtig. Doch ist es nun mal so, daß ich krank bin, das ist alles. Wie ich hörte, hat ein Weiser gesagt: ‹Durchdringe alle Hindernisse mittels der Vernunft.› Da das, was ich esse, nicht besser ist, werde ich von der Gemeinschaft nicht angezweifelt. Dein Wille und dein Gemüt sind klar und weitreichend, eines Tages wirst du ein Eckstein der Ursprungs-Lehre sein. Laß dies nicht in deinem Geist haften.»

Als Fojian weiterzog, wandte Gaoan sich anderswohin und wurde später ein Nachfolger von Foyan.

188. Die Belehrung von Regierungsbeamten

Choan sagte:

Wenn Ihr zu Regierungsbeamten über den Weg sprecht, müßt Ihr sie in der Wechselrede ihres intellektuellen Verstehens entkleiden und dürft nicht zulassen, daß sie sich in festen Vorstellungsbildern einrichten. Alles entscheidend ist es, die eine Erfahrung des Überschreitens vollkommen deutlich zu machen.

Der verstorbene Meister Miaoxi sagte einmal: «Wenn du hochgestellten Personen begegnest, so antworte, wenn sie fragen, ansonsten enthalte dich.» Man muß ein solcher Mensch sein, um auf solche Worte hin von Nutzen für eine Zeit zu sein und nicht den Körper des lebendigen Buddhismus zu verletzen.

Brief an einen Chan-Abt

189. Die Bedrohung der Führerschaft

Choan sagte:

Gutes Land ernährt die Wesen gut, ein gütiger Herrscher ernährt die Menschen gut. Viele von denen, die sich heutzutage Führer nennen, nehmen sich die Menschen nicht zu Herzen, sondern räumen ihren eigenen Wünschen Vorrang ein. Sie hören nicht gern gute Worte, und sie bemänteln gern ihre Fehler, um sich ungehörigem Tun hingeben zu können und für eine Weile in eitler Selbstzufriedenheit zu leben. Wenn kleine Leute sich die Vorlieben und Abneigungen der Führer zu eigen machen, ist der Weg der Führerschaft dann nicht bedroht?

Brief an einen Chan-Älteren

190. Getötet, aber nicht beschämt

Choan sagte zu Yean:

Der Laienmeister von der Purpurnen Felswand sagte: «Mein früherer Meister Miaoxi macht für sich Tugend, Untadeligkeit und Mut zu den wichtigsten Dingen im täglichen Leben. Man kann sein Freund, aber nicht ihm fremd werden; man kann sich ihm nahen, aber keinen Druck auf ihn ausüben; man kann ihn töten, aber nicht beschämen. Seine Bleibe ist nicht verschwenderisch, seine Nahrung nicht reichhaltig. Er steht den Nöten und Schwierigkeiten von Leben und Tod gegenüber, als wären sie nichts. Er ist wahrhaft ein Beispiel für das, was das Sprichwort sagt: ‹Mit dem Schwert des großen Schmiedes ist schwer in Berührung zu kommen.› Die einzige Sorge ist unvorhergesehener Schaden.»

Was der Laienmeister sagte, erwies sich als richtig.

Annalen der Trugbild-Einsiedelei

191. Helfer auswählen

Choan sagte:

Ye-an, da er ein Führer ist, erfaßt die Vorgänge des menschlichen Geistes und ist des großen Körpers der Gemeinschaft gewahr. Einmal sagte er zu mir: «Wenn du an einem Ort Gastgeber sein willst, mußt du dir Leute von Entschlossenheit und Tatkraft als Helfer auswählen. Sie sind wie ein Kamm für das Haar, wie ein Spiegel für ein Gesicht – was förderlich und was schädlich ist, was schicklich und was ungehörig ist, kann dann nicht verborgen bleiben.»

Annalen der Trugbild-Einsiedelei

192. Oberflächlichkeit und Tiefe

Choan sagte:

Schüler der neueren Zeit sind oberflächlich, da ihre Ohren ihnen so wichtig sind und sie ihre Augen geringschätzen – letztlich kann keiner von ihnen das tiefe Geheimnis ausloten.

Daher heißt es: «Wie hoch der Berg auch sein mag, es sind Reihen von Felszacken und Bambuswäldchen auf ihm; wie tief das Meer auch sein mag, in ihm sind Wirbel und Strömungen.»

Wenn du den Großen Weg ergründen möchtest, so ist es entscheidend, daß du seine Höhen und Tiefen ermißt. Danach kannst du Licht in die entlegenen Feinheiten bringen und dich entsprechend angleichen, ohne daß dem eine Grenze gesetzt wäre.

Brief an einen Chan-Älteren

193. Der Geist von Heiligen und Weisen

Choan sagte zum Minister Yu:

Der Geist von Heiligen und Weisen ist duldsam und gelassen, und doch ist ihr Verstand klar. Sie sind von ruhiger Klarheit und Zurückhaltung, doch ihre Taten sind sichtbar.

Bei allem, was sie tun, erwarten sie nicht, daß es schnell fertig wird, sondern sind bereit, ausdauernd fortzufahren. Sie sind nicht dafür, dem Fortschreiten allzu große Bedeutung beizumessen, aber sie billigen das Streben nach dem Zugang zum Weg. Wer den Willen der Heiligen und Weisen daraus abliest und ihn dann über tausend Generationen hin aufrechterhält, wird auch so sein.

Annalen der Trugbild-Einsiedelei

194. Geschichtlicher Rückblick

Der Minister Yu sagte:

Vor Bodhidharma, dem Begründer des Chan, gab es so etwas wie Abtschaft, die formelle Einsetzung einer lebendigen Verkörperung des Buddhismus, noch nicht. Bodhidharmas Nachkommen, die, dem Bedürfnis der Welt folgend, den Weg weiterführten, gerieten in Bedrängnis und konnten diese Entwicklung nicht umgehen, doch auch sie lebten noch in einfachen Hütten, die gerade ausreichend Schutz vor Wind und Regen boten, und nahmen nur soviel Nahrung zu sich, wie nötig war, um den Hunger zu stillen. Bittere Not leidend, waren sie hager und ausgezehrt. Es gab Leute, die ihr

Elend nicht mitansehen konnten, und Könige und bedeutende Männer bemühten sich vergeblich, sie aufzusuchen. Alles, was sie begannen, war frei und ungehindert, bestürzte den Himmel und erschütterte die Erde.

In späteren Generationen waren sie nicht mehr von dieser Art. In hohen Gebäuden mit großen Räumen, feiner Kleidung und reichhaltiger Nahrung hatten sie alles, was sie sich wünschten. Daraufhin gewannen die Kohorten des Bösen immer mehr Einfluß auf ihren Geist; sie lungerten an den Toren weltlicher Macht herum, bettelten schwanzwedelnd um Mitleid, und in besonders schlimmen Fällen verschafften sie sich, was sie wollten, durch Hinterlist oder aufgrund ihrer Stellung – wie einer am hellichten Tage Gold stiehlt –, ohne zu bedenken, daß es in der Welt so etwas wie Ursache und Wirkung gibt.

Die Briefe des Chan-Meisters Miaoxi bringen die geistigen Gewohnheiten eines jeden ans Licht und lassen auch nicht die kleinste Strähne aus – wie jenes sagenhafte Wasser im Teich, das einen sogar die inneren Organe klar erkennen läßt. Wenn du sie vertrauensvoll empfangen und danach handeln kannst, wozu dann außerdem noch den Buddhismus suchen?

Auf einer Steingravierung gesehen

195. Die Wiederbelebung der Linji-Schule des Chan

Der Minister Yu sagte zu Choan:

In der alten Zeit erweckte Miaoxi den im Herbst des Welkens und Verfalls stehenden Weg von Meister Linji zu neuem Leben, doch es lag in seiner Natur, daß er Demut und Leerheit besonders schätzte. Er trug seine Einsicht weder zur Schau, noch ging er damit hausieren; nie in seinem Leben wandte er sich an Menschen von Autorität und Macht, und nie suchte er Gewinn oder Unterstützung.

Miaoxi sagte einmal: «Zehntausend Dinge erreicht man nicht, indem man es sich leicht macht, und mit Hochmut kann man sie nicht aufrechterhalten. Offenbar gibt es das, was nutzbringend für die Zeiten und hilfreich für die Menschen ist, und das, was irrig und ohne Verdienst ist. Wenn man letzterem frönt und die Dinge voller Hochmut auf die leichte Schulter nimmt, wird man versagen.» Ich habe mir diese Worte zu Herzen genommen, und sie sind mir zu einer Lehre für das ganze Leben geworden.

Aufzeichnungen eines Aufwärters

196. Sitten

Der Chan-Meister Mian sagte:

Aufstieg und Niedergang von Chan-Gemeinschaften liegen in ihrer Führung und ihren Prinzipien; Lauterkeit oder Unlauterkeit der Schüler liegen in ihren Sitten und Gewohnheiten. Die Alten lebten in Verschlägen und Höhlen, tranken aus Bächen und aßen von den Bäumen, aber heute so leben zu wollen, das wäre nicht angemessen. Die heutigen Menschen sind gut gekleidet und haben reichlich zu essen, aber für die alte Zeit wäre diese Lebensweise nicht geeignet gewesen. Was wäre das anderes als eine Sache der Gewöhnung?

Die Menschen meinen, alles in der Welt sollte eigentlich so sein wie das, was sie Tag und Nacht als das Übliche erleben. Wenn dann irgendwann die Notwendigkeit entsteht, das aufzugeben, so werden sie nicht nur voller Zweifel und Mißtrauen sein, sondern sich wahrscheinlich sogar sträuben.

So betrachtet, zeigt sich deutlich, daß die Menschen sich im Gewohnten sicher fühlen und erschrocken sind über das, was sie nie erlebt haben. Das ist ihre natürliche Verfassung, darüber braucht man sich nicht zu wundern.

Brief an den Ratsherrn Shi

197. Die Guten und die Verdorbenen

Mian sagte:

Mein verstorbener Meister Yingan pflegte zu sagen: «Die Guten und die Verdorbenen stehen im Gegensatz zueinander – es ist unumgänglich, zwischen ihnen zu unterscheiden. Die Guten bewahren Wahrheit, Tugend, Güte und Gerechtigkeit und stützen sich darauf. Die Verdorbenen halten es mit Macht und Gewinn und verfolgen ihre Ziele mit Schmeichelei und Täuschung.

Die Guten führen ihren Willen aus und setzen, was sie lernen, in die Tat um. Die Verdorbenen, die Rang und Stellung in Besitz nehmen, geben vor allem ihrer Selbstsucht nach, eifersüchtig auf die Klugen und neidisch auf die Fähigen; sie geben sich ihren Begierden hin und greifen nach äußerem Besitz, und man weiß nie, wie weit sie darin gehen werden.

Daher: Wenn gute Menschen vorhanden sind, gedeiht die Gemeinschaft, und wenn man verdorbene Menschen einläßt, geht es mit der Gemeinschaft bergab. Wenn auch nur ein verdorbener Mensch zugegen ist, so kann es unmöglich Frieden und Stille geben.»

Brief an einen Meister

198. Wovor man sich hüten muß

Mian sagte:

Bei der Führerschaft gibt es drei Dinge, vor denen man sich hüten muß: in Sorge sein, wenn es viel zu tun gibt; rastlos werden, wenn es nichts zu tun gibt; und über Meinungen von richtig und falsch zu sprechen.

Ein Meister, dem dies gelingt, wird von äußeren Dingen nicht verwirrt oder getäuscht.

Aufzeichnung eines Aufwärters

199. Wölfe im Schafsfell

Mian sagte:

Wenn Mönche, deren alltägliche Lebensführung schlecht ist und die schon häufiger schlecht gehandelt haben, als solche in der Gemeinschaft bekannt sind, so ist das kein Grund zur Sorge. Wenn aber solche, die innerlich nicht gut sind, von den Leuten als Heilige bezeichnet werden, so ist das wahrhaft Grund zur Sorge.

Ein Brief

200. Der enthüllende Spiegel der Wahrheit

Mian sagte zu Shuian:

Wenn die Leute Euch schmähen, so solltet Ihr das geduldig hinnehmen. Man soll sich die Worte anderer nicht achtlos anhören, um dann selbst nach Gutdünken seine beschränkten Anschauungen vorzutragen. Opportunistische Schmeichler haben im allgemeinen Gleichgesinnte um sich, und die bösartige Schläue kennt viele Methoden: Die Vorurteile in ihrem Herzen hegen, möchten ihren persönlichen Wünschen gern allgemeine Anerkennung verschaffen, und die, welche für Eifersucht und Neid sorgen, versuchen die gemeinsame Erörterung und Einigung zu verhindern.

Alles in allem sind diese Leute von sehr begrenzter Zielsetzung, ihr Blick ist trüb und reicht nicht weit, sie halten eigenwillige Menschen für außergewöhnlich, und jene, die das offene Gespräch untergraben, für überragend.

Wenn man aber weiß, daß man selbst doch richtig handelt und das Schmähliche eigentlich in ihnen ist, so wird sich das im Laufe der Zeit ganz von selbst erweisen. Man muß es nicht eigens aussprechen; man muß nicht auf seiner eigenen Rechtschaffenheit beharren und damit anderen zum Ärgernis werden.

Ein Brief

201. Die richtige Wahl treffen

Meister Zide Hui sagte:

Wenn Menschen aufrichtig sind und die richtige Richtung eingeschlagen haben, so kann man meist etwas mit ihnen anfangen, auch wenn sie dumm sind. Wenn sie Schmeichler mit eigennützigen Beweggründen sind, so schaden sie letztlich nur, auch wenn sie gescheit sind.

Menschen von zweifelhafter innerer Ausrichtung sind im allgemeinen einer Einsetzung in Positionen des Dienens und Führens nicht würdig, auch dann nicht, wenn sie Begabungen und Fähigkeiten besitzen.

Brief an Meister Jiantang

202. Verlust der Ordnung

Zide sagte:

Der Chan-Meister von Großer Weisheit Baizhang Huaihai [720–814, einer der Begründer des Schulungssystems in Chan-Gemeinschaften] setzte eigens reine Regeln ein, um die Mönche im Zeitalter der spirituellen Verwahrlosung vor der Verderbnis zu bewahren, in die sie geraten waren. Von da an befolgten die Weisen der Vergangenheit diese Regeln und führten sie in ihrem Handeln gewissenhaft aus. Da war Schulung, da war Ordnung, da war Zusammenhalt.

Gegen Ende der Shaoxing-Zeit (um 1160) gab es immer noch reife Menschen in den Gemeinschaften, die die überlieferten Gesetze einhalten konnten und sich nicht anmaßten, auch nur für eine Minute von ihnen abzuweichen. In den letzten Jahren haben sie die Ordnung der Schule verloren, und das Gewebe der Ordnung ist verschlissen oder löchrig.

Deshalb heißt es: «Hebe *ein* Netz, und Augen in großer Zahl öffnen sich; mißachte *eine* Möglichkeit, und zehntausend Dinge stürzen ein.» Es ist schon fast so weit, daß die Ordnung nicht mehr wirksam ist und die Gemeinschaften nicht mehr gedeihen.

Die Alten jedoch verkörperten das Grundlegende und sorgten so dafür, daß das Auswachsende gerade wuchs. Anstatt sich Sorgen zu machen, ob die Schüler auch dorthin gelangen würden, wo sie selbst schon waren, war ihre einzige Sorge, ob die Maßnahmen der Schulung auch strikt befolgt würden.

Was sie für richtig erachteten, war ganz ohne persönliche Voreingenommenheit richtig, doch heutzutage vermengen die Führer vielerorts Voreingenommenheit mit Unvoreingenommenheit und nehmen das Gewächs, um damit die Wurzel zu lenken. Die Oberen lieben den Reichtum, ohne den Weg zu üben, während die Unteren Reichtum begehren, ohne Pflichtbewußtsein zu üben. Wenn Oben und Unten vermischt werden und ihre Ordnung verlieren, verwechselt man Gast und Gastgeber – wie können wir dann die Träger des Flickengewandes bewegen, sich der Wahrheit zuzuwenden, und wie sollen die Gemeinschaften dann noch blühen?

Brief an den Minister Yu

203. Unterscheiden

Zide sagte:

Bevor feine Jade geschnitten wird, ist sie wie Ziegel oder Stein; bevor man eine gute Stute richtig rennen läßt, ist sie wie ein Gaul unter Gäulen. Geschnitten und geschliffen, ausgeritten und erprobt, erweist sich der Unterschied zwischen Jade und Stein, zwischen Schlachtroß und Gaul.

Wenn Mönche von Klugheit und Tugend noch nicht für besondere Aufgaben eingesetzt werden, heben sie sich nicht aus der Menge hervor. Wie kann man sie unterscheiden?

Es ist entscheidend, daß sehr klarsichtige Menschen durch öffentliche Übereinkunft erwählt werden; man muß ihnen Amtspflichten anvertrauen, ihre Begabungen und Fähigkeiten erproben und sie anhand der Bewältigung ihrer Aufgaben beurteilen. So werden sie sich als sehr verschieden vom Mittelmaß erweisen.

Brief an Huoan

204. Buddhas auswählen

Meister Huoan Ti schulte sich zuerst unter Si-an Yuan Budai im Kloster Huguo auf dem berühmten und heiligen Berg Tiantai. Bei einer Ansprache in der Lehrhalle zitierte Si-an den Vers des Laien Pang über «Die Auswahl von Buddhas». Bei der Zeile «Dies ist der Ort für die Auswahl von Buddhas» stieß er einen Schrei aus. In diesem Augenblick gelangte Huoan zu tiefer Erleuchtung. Er dichtete darauf einen Vers:

Erreicht die Auslotung den Umschlagpunkt, siehst du den Gegenstand;
am Ende der Straße betrittst du den Ort der Prüfung.
Nimm eine Haarspitze auf – Wind und Regen sind schnell;
diesmal keine Feier zum Bestehen.

Danach zog er sich auf dem Berg Tiantai in die Einsamkeit zurück. Der stellvertretende Ministerpräsident, Herr Qian, bewunderte seinen Charakter und vertrat entschieden die Ansicht, er solle den Bedürfnissen der Welt entsprechen und in einem bestimmten Kloster öffentlicher Lehrer werden. Als Huoan das hörte, sagte er: «Ich kann doch nicht Hammelfleisch aushängen und dann Hundefleisch verkaufen», und verschwand in der Nacht.

205. Ein Erkennen

Zu Beginn der Jiandao-Zeit (1165–1174) war Xiatang Meister in einem öffentlichen Kloster, als er einmal Huoans Lobspruch auf einem Bildnis Yuantongs sah:

Nicht beim Grundlegenden verweilend, stört er die Lebewesen auf,
Die aufblicken zu ihm und ihn anstarren mit Augen, die wie blind sind.
Die Anlage der Hauptstadt erstreckt sich durch alle Zeit –
Wer geht da tastend an einer Mauer entlang?

Xiatang war verblüfft und entzückt. Er sagte: «Ich hätte nicht gedacht, daß Si-an solche Nachfolger hat.» Dann suchte er Huoan überall und fand ihn schließlich in Jiangxin. Er lud ihn ein, die Stellung des ersten in der Mönchsversammlung einzunehmen.

Ländliche Annalen vom Tiantai

206. Wenn die Bedingung erfüllt ist

Zu Beginn der Jiandao-Zeit zog es Huoan zu Xiatang am Tigerhügel. Die Klosterleute und Laien in der Gegend der Stadt erfuhren von seiner Erhabenheit und gingen daraufhin in die Hauptstadt der Präfektur, um ihn für das Amt des Meisters im Jiaobao-Tempel der Stadt vorzuschlagen.

Als Huoan das hörte, sagte er: «Mein verstorbener Meister Si-an gab mir die Anweisung: ‹Später einmal, wenn das Alter Euch begegnet, bleibt.› Nun sieht es so aus, als wäre dies erfüllt.» Und so entsprach er sehr gern der Bitte, dort zu bleiben. Es stellte sich heraus, daß der frühere Name des Jiaobao-Tempels Laoshouan gewesen war – Alters-Einsiedelei.

Tigerhügel-Annalen

207. Eine Stegreif-Rede

Nachdem Huoan in den Jiaobao-Tempel eingetreten war, wurde er von einem Schirmherrn gebeten, eine Stegreif-Rede zu halten.

Er sagte: «Der Weg ist stetig und unwandelbar; die Dinge verfallen und müssen sich wandeln. In der alten Zeit zogen die großen Chan-Meister Lehren aus dem Studium der Vorwelt, sie bedachten, was angemessen war und was nicht, sie hielten sich an den mittleren Weg, setzten sich dafür ein, daß der Geist der Menschen zu seiner Einheit fand – und die Erleuchtung war dabei ihr Führer. Deshalb ist ihre schlichte Art, kühl wie Eis, bis auf den heutigen Tag nicht verschwunden.

Was aber die Chan-Schule angeht, so ist selbst das Begreifen, bevor irgend etwas gesagt wird, noch eine Zwinge für unsere Religion, und selbst das klare Erkennen beim Hören eines Ausdrucks begräbt noch die Erleuchteten.

Gleichwohl: ‹Ich geh' und lange an, wo die Wasser versiegen, sitze und schaue, wie die Wolken aufsteigen.› [Wang Wei]»

Von da an ergötzten Mönche, Nonnen und Laien sich an Dingen, die sie nie zuvor gehört hatten, und eine ganze Stadt von Menschen nahm Zuflucht bei ihm.

208. Wilde Füchse leiten

Als Huoan öffentlich zu lehren begann, kamen die Menschen der höheren und niederen Stände in Scharen, um Zuflucht bei ihm zu suchen. Ein Mönch sorgte dafür, daß die Nachricht zum Tigerhügel gelangte, wo Xiatang sagte: «Dieser Wilde aus den Bergen benutzt Blinden-Chan, um diese Bande von Wildfuchsgeistern zu leiten.»

Als Huoan das hörte, antwortete er mit einem Gedicht:

Man mag einem Wilden aus den Bergen nicht gewogen sein,
Der eine Gemeinschaft führt, eine Ordnung leitet, wie ohne es zu tun.
Das Herkömmliche übertretend, den Besenstiel kopfüber haltend –
Blinden-Chan leitet Wildfuchsmönche.

Xiatang lachte.

Aufzeichnung gehörter Dinge

209. Ins Gleichgewicht bringen

Huoan sagte zum Staatsminister Ceng Tai:

Das Entscheidende beim Ergründen des Weges ist wie Steine ins Gleichgewicht zu bringen, um Dinge zu wiegen: Bring sie einfach auf gleiche Höhe, das ist alles; es geht nicht, wenn eine Seite zu schwer ist. Vorwärtsdrängen und Zurückfallen – sie gleichen sich darin, daß sie einseitig sind. Wenn Ihr das erkennt, könnt Ihr den Weg ergründen.

Ein Brief

210. Begabung und Fassungskraft

Der Chan-Meister Xiatang Yuan sagte zu Huoan: Begabung und Fassungskraft der Menschen sind von Natur aus groß oder klein, denn diese Dinge können nicht gelehrt werden. Wer ein kleines Papier hat, kann nicht große Dinge einwickeln; wer ein kurzes Seil hat, kann nicht aus einem tiefen Brunnen schöpfen. Eine Eule kann in der Nacht eine Laus fangen und ein Haar sehen, doch wenn am Tage die Sonne herauskommt, blendet das Licht die Augen der Eule so sehr, daß sie nicht einmal einen Hügel sehen kann. Die Verteilung, so scheint es, ist festgelegt.

Annalen vom Tigerhügel

211. Ein geschichtlicher Augenblick

Der Chan-Meister Jiantang Ji lebte über zwanzig Jahre lang auf dem Berg Guan in Fanyang. Zum Essen kochte er sich eine Suppe aus Kräutern und Hirse, und er hatte sich innerlich vollkommen losgesagt von Ruhm und Erfolg.

Einst, als er den Berg herunterkam, hörte er neben dem Weg ein Weinen. Von Mitleid ergriffen, ging er nachschauen. Er traf auf eine ganze Familie, frierend und krank. Zwei der Leute waren eben gestorben, und die Familie war so arm, daß sie nichts hatte, worin sie die Leichname bergen konnte. Da machte Jiantang sich eigens in den Ort auf, um Särge zu beschaffen, damit man sie begraben konnte. Die Leute im Dorf waren davon tief berührt.

Der Minister Li sagte zu den Edelleuten: «Der Alte Ji aus unserer Gegend ist ein vom Weg durchdrungener Mönch; er schenkt nicht nur Freundlichkeit, sondern auch materielle Dinge. Können wir zulassen, daß er für immer auf dem Berg Guan bleibt?»

Der Truppenaufseher Wang, der zu dieser Zeit die Überlandstraßen inspizierte, berichtete davon in Jiujiang, und der Präfekt Lin Shuda ließ den Lehrsitz in Yuantong freimachen, um Jiantang dorthin zu berufen.

Als Jiantang von dieser Aufforderung erfuhr, sagte er: «Mein Weg zeigt nun seine Wirkung»; frohgemut nahm er seinen Stab und ging dorthin. Um die Lehre darzulegen, sagte er: «Yuantong macht keinen Frischkräuterladen auf – jedem verkaufe ich hier nur einen Katzenkopf. Ich weiß nicht, wer nicht denkt oder sich eine Meinung bildet – nimmt man davon, so ist der ganze Körper von kaltem Schweiß überströmt.»

Die Klosterleute und Laien waren bestürzt und fanden das ungewöhnlich. Diese Lehreinrichtung erlebte nun eine hohe Blüte.

Aufzeichnungen der Muße-Einsiedelei

212. Teilen

Jiantang sagte:

Als die Menschen der alten Zeit sich schulten und ihren Geist beherrschen lernten, teilten sie den Weg mit anderen. Wenn sie sich Aufgaben widmeten und etwas ins Werk setzten, so teilten sie das Geschaffte mit anderen. Wenn der Weg erlangt war und das Geschaffte sich zeigte, so teilten sie den Ruhm mit anderen. Daher war nichts am Weg nicht klar, gab es kein Erlangen, das nicht zu Ende geführt wurde, und keinen Ruhm, der nicht strahlend war.

Heutzutage sind die Menschen nicht mehr so. Sie haben nur ihre eigenen Dinge im Sinn, und ihre einzige Sorge ist, daß ein anderer sie übertreffen könnte. Auch können sie nicht mehr dem Guten folgen und für das Rechte sich einsetzen, weil sie sich selbst verherrlichen. Ganz auf ihre eigenen Errungenschaften bedacht, wollen sie nicht, daß andere auch etwas davon haben.

Außerdem können sie den Weisen nicht vertrauen und kommen mit den Fähigen nicht aus, weil sie sich selbst verherrlichen. Nur ihr eigener Ruhm bedeutet ihnen etwas, und sie mögen ihn nicht mit anderen teilen. Sie können Menschen nicht demütigen Sinnes führen, denn sie betrachten sich selbst als die Erfolgreichen.

Dieser Weg entgeht der Vergessenheit nicht, ihre Errungenschaften können Verlust nicht verhindern, ihr Ruhm kann Schmach und Schande nicht verhindern. Das ist der große Unterschied zwischen Schülern der alten und der heutigen Zeit.

213. Wachstum

Jiantang sagte:

Den Weg zu ergründen, das ist wie das Pflanzen eines Baumes: Fällt man ihn, wenn er gerade anfängt, sich zu verzweigen, so kann man ihn als Feuerholz gebrauchen; fällt man ihn, wenn er gerade voll ausgewachsen ist, so kann man Dachsparren aus ihm machen; fällt man ihn, wenn er etwas stärker geworden ist, so eignet er sich für Tragbalken; fällt man ihn aber, wenn er riesenhaft und alt ist, so kann man Stützpfeiler aus ihm machen.

Könnte es nicht sein, daß der Nutzen größer wäre, wenn man der Verwirklichung Zeit ließe?

Deshalb sorgten die Menschen der alten Zeit dafür, daß ihr Weg sicher und groß und nicht schmal war, daß ihre Entschlossenheit und ihr Wille weitreichend und tief und nicht kurzatmig waren, daß ihre Worte edel und nicht niedrig waren.

Sie waren den Widersprüchen ihrer Zeit ausgesetzt, litten großen Hunger und große Kälte, gingen im Gebirge und in den Tälern zugrunde, und doch hat ihr Vermächtnis über Hunderte und Tausende von Jahren etwas von seiner Kraft behalten, weshalb die Menschen es immer noch weitergeben als das religiöse Gesetz.

Wäre der Weg der Menschen in alter Zeit schmal geworden, hätten sie Menschen im Gedanken an eigenen Nutzen zugelassen, freundschaftliche Beziehungen um ihrer unmittelbaren Ziele willen gesucht, kriecherische Reden geführt und den Mächtigen gedient, so wären ihnen innerhalb einer Lebensspanne Ruhm und Herrlichkeit zuteil geworden. Wo wäre dann ein Reichtum angesammelt worden, der erhalten bliebe und an spätere Generationen weitergegeben werden könnte?

Brief an den Ministerpräsidenten Li

214. Ein Nachfolger der Alten

Der kaiserliche Beamte Wu sagte zu Jiantang:

Im Gebirge und in den Tälern befriedeten die Alten ihren Geist und löschten ihr Ich-Bewußtsein aus; sie tranken aus Bächen und aßen von den Bäumen wie all jene, die keinen Gedanken an Erfolg oder Ruhm verschwenden. Dennoch kam dann die Zeit, da der Kaiser sie zu sich rief.

Sie verbargen ihr Licht, sie verwischten ihre Spuren in den Mühlen und bei anderen niederen Verrichtungen. Von Anfang an dachten sie mit keinem Gedanken an Ruhm und Erfolg, und am Ende standen sie in den Reihen derer, die das Licht weitergeben.

Ohne Vorbedacht erlangt, ist der Pfad groß und die Tugend uneingeschränkt; voller Ehrgeiz verfolgt, ist der Ruhm wertlos und niedrig, das Streben beschränkt.

Euer Maß jedoch und Eure Befähigung sind beständig und weitreichend, Ihr tretet in die Fußstapfen der Alten. So konntet Ihr siebzehn Jahre lang auf dem Berg Guan leben und schließlich in der Gemeinschaft ein gutes Gefäß für die Wahrheit werden.

Die Mönche der heutigen Zeit haben nichts, worauf sie sich innerlich sammeln können, und außen hängen sie ablenkendem Tand nach. Sie haben wenig Voraussicht und keinen Sinn für den großen Körper. So können sie der Lehre keine Hilfe sein und sind damit weit von Euch entfernt.

Erinnerungen des Aufwärters Gao

215. Die normale Verfassung der Menschen

Jiantang sagte:

Es ist die normale Verfassung der Menschen, daß nur wenige von Verblendung frei sein können. Für gewöhnlich sind sie von ihren Überzeugungen umschlossen, durch ihre Zweifel behindert; sie setzen sich selbst durch ihre Verachtung herab und ertrinken in ihren Neigungen.

Ist der Glaube erst voreingenommen, so bedenken die Leute bei den Worten, die sie hören, nicht mehr die Wahrheit, bis es schließlich zu Worten kommt, die über das, was richtig ist, hinausgehen. Wo der Zweifel überhand nimmt, da hören die Leute sogar auf wahre Worte nicht mehr, bis es zu einem Hören kommt, das die Wahrheit ganz verfehlt.

Wenn die Menschen andere nicht achten, so verlieren sie deren wertvolle Eigenschaften aus den Augen. Wenn die Menschen für etwas eine Vorliebe haben, so halten sie sich bei denen auf, die man meiden sollte. All das ist ein Schwelgen in privaten Gefühlen, bei dem die Vernunft unberücksichtigt bleibt; am Ende wird der Weg der Erleuchteten vergessen, und das Herz der Gemeinschaft geht verloren.

Was also das gewöhnliche Empfinden leicht nimmt, eben das ist es, was die Weisen ernst nehmen. Einer der Großen der alten Zeit sagte: «Wer Pläne macht für das, was vorausliegt, versichere sich zuerst dessen, was in greifbarer Nähe ist. Wer nach dem Großen strebt, habe acht auf das Kleine.»

Es sollte eine Sache vieler Wahlmöglichkeiten und behutsamen Umgangs damit sein; gewiß ist es nicht damit getan, das Hohe zu bewundern und das Ungewöhnliche zu lieben.

Brief an Herrn Wu

216. Ein Chan-Meister

Jiantang war rein und klar und von gelassenem Gleichmut. Mit Freundlichkeit und Güte erreichte er die Menschen. Wenn die Schüler kleine Fehler machten, so deckte er sie und nahm sie in Schutz, um ihre Tugend heranzubilden. Darüber sagte er einmal: «Wer hat keine Fehler? Vortrefflichkeit besteht darin, sie zu bessern.»

Als Jiantang auf dem Berg Guan in Fanyang lebte, regnete und schneite es einmal in der kältesten Winterzeit so andauernd, daß die Nahrungsmittel ihm ausgingen – doch der Meister verhielt sich so, als bemerkte er es nicht einmal. Dies wurde ihm Anlaß zu einem Gedicht:

> Die Kochstelle ist ohne Feuer, der Vorratssack leer,
> der Schnee ist wie das Fallen der Aprikosenblüten am Jahresende.
> Das Flickengewand über dem Kopf, Holzreste verbrennend,
> bin ich in friedvoller Stille, des Körpers nicht achtend.
> Tag für Tag gehe ich den Weg für mich allein,
> ohne Glanz und Ruhm nachzujagen.

Eines Tages gab er der Bitte nach, lehrender Meister des Klosters Yuantong auf dem heiligen Berg Lu zu sein, und er kam mit nicht mehr als einem Stab und den Strohsandalen. Wer ihn sah, wirkte erfrischt und fühlte sich neu belebt. Herr Lin Shuda, der Präfekt des Neun-Flüsse-Landes, sagte, als er ihn sah: «Dies ist eine Brücke des Buddhismus.»

Fortan war sein Name weithin in allen Richtungen geehrt und geachtet. Sein Auftreten hatte wahrlich die Art der alten Meister. An dem Tag, da er starb, weinten sogar die Bediensteten und Arbeiter des Klosters.